商业模式教科书

高级篇

如何让定位落地并战胜同定位对手的竞争指南

[日]今枝昌宏 / 著　王晗 / 译

图书在版编目（CIP）数据

商业模式教科书：如何让定位落地并战胜同定位对手的竞争指南．高级篇／（日）今枝昌宏著；王晗译．－－北京：华夏出版社有限公司，2020.1（2021.2 重印）

ISBN 978-7-5080-9834-0

Ⅰ．①商⋯ Ⅱ．①今⋯ ②王⋯ Ⅲ．①商业模式－教材 Ⅳ．① F71

中国版本图书馆 CIP 数据核字（2019）第 173746 号

BUSINESS MODEL NO KYOKASHO [JOKYU-HEN]
by Masahiro Imaeda
Copyright © 2016 Masahiro Imaeda
Original Japanese edition published in Japan by TOYO KEIZAI INC
Simplified Chinese translation rights arranged with TOYO KEIZAI INC
through EYA Beijing Representative Office
Simplified Chinese translation copyright © Beijing HuaxiaHejun Books Company

北京市版权局著作权合同登记号：图字 01-2019-2227 号

商业模式教科书·高级篇

如何让定位落地并战胜同定位对手的竞争指南

作　　者	［日］今枝昌宏
译　　者	王　晗
责任编辑	裘挹红　卫清静
出版发行	华夏出版社有限公司
经　　销	新华书店
印　　刷	三河市少明印务有限公司
装　　订	三河市少明印务有限公司
版　　次	2020 年 1 月北京第 1 版 2021 年 2 月北京第 4 次印刷
开　　本	720mm×1000mm　1/16
印　　张	15.75
字　　数	210 千字
定　　价	68.00 元

华夏出版社有限公司　　地址：北京市东直门外香河园北里 4 号　　邮编：100028
网址：www.hxph.com.cn　　电话：（010）64618981

若发现本版图书有印装质量问题，请与我社营销中心联系调换。

推荐序

中国经济是商业模式实践的沃土

中国市场是商业模式实践的沃土,这是与中国市场的两个特点紧密相关的。第一,中国市场仍然不够发达完善,市场中不同角色的分工与专业性还有提升空间:虽然改革开放40年,中国的市场经济已经取得了长足的发展,但与美国、日本、欧盟等发达经济体相比,仍有较大的差距。第二,中国的市场版图中存在着显著的代际差距:经济体量巨大的中国幅员辽阔,东部与西部、城市与乡村、不同行业之间存在显著的不平衡性。正是这两个特点,决定了我们面对新的商业模式时具有市场的后发优势。

商业模式决定的是价值创造的结构效率。正如石墨和钻石都是由碳原子组成,但石墨漆黑柔软,钻石通透坚硬,碳原子之间的连接结构决定了两种商品的不同价值。而当两种商业模式之间存在明显的结构效率落差时,新的商业模式便会迸发出巨大的能量。例如在美国、日本、中国香港等发达的商品市场,其原有的购物中心、超市、零售店系统等不同商业业态发展完善,定位清晰且竞争力强劲,所以新兴的互联网电商商业模式在发达经济体中更多是对现有渠道的一种有益的补充。反观中国内地,以淘宝、京东为代表的互联网电商,在过去十几年间颠覆了中国的商业格局,究其原因:一方面是新的商业模式与移动网络、电子支付等新技术紧密融合,使得在电商平台上的商品可以直接触达数以亿计的消费者,市场中的信息不对称现象得到了极大的消解;另一方面,中国传统的商品流通渠道效率提升进程缓慢,省、市、县多级经销商分销体系,不同区域割据分裂的零售渠道等,都使得商品流转的时间漫长且成本高企。而新一代电商拼多多的异军突起则改变了商业模式的构建逻辑,从现有电商的

"人找货"到拼多多的"货找人"的新型匹配关系,以微信拼团的手段落地,最终以极低的流量成本带来了企业收入规模的指数级增长,拼多多模式的推出实则填补的是中国市场发展的代际不平衡性。所以说中国电商强势崛起的背后,是新老两种商业模式下结构效率势能不同的结果。中国能够在商业模式的设计方面走在世界前列,与此同时中国广阔的市场又有很大的提升空间,这就使得新商业模式的势能更大,模式重构的力量也就更大。

中国已经成长为世界第二大的经济体,中国的商业竞争也快速迈入了新时代。

新时代竞争的特点主要体现在以下三个方面。

一是竞争的空间层次更加丰富,竞争的主体从一个个具体的企业升级为不同的商业生态系统。如腾讯和阿里巴巴两大互联网企业的强大不仅仅是自身实力的直接体现,更是由于其所在生态系统的繁荣。

二是竞争的时间密度升级,新时代竞争下的企业三五年经历的变化甚至比传统竞争下的企业数十年的进程还要大。如从2011年8月发布第一款手机到2014年在国内手机销量夺冠,小米手机只用了两年半的时间。不仅如此,企业间的竞争节奏也在加快,三年为周期的企业战略规划已经不像以前那样适用,无论是传统竞争对手,还是新兴甚至跨界竞争对手,都按照自己的节奏对市场发起冲击,以至于从企业的角度来看,似乎无时无刻都要面对不知来自何方的竞争,企业家的掌控力和安全感大大下降。

三是影响的深度和广度加大,在新时代的竞争之下,颠覆行业霸主、重塑竞争格局已经成为常态。更重要的是,从智能手机到电动汽车,从淘宝、微信到滴滴出行,兼具创新与抱负的企业带来的是人类生活方式的深刻变革。

以上这些都要求中国企业提升自身对新时代竞争的分析和驾驭能力,在战略分析的基础之上,引入商业模式的分析框架指导下洞察竞争的本质,从而达到在竞争中取胜的目标。

商业模式的重要性已经日益成为商业精英的共识。但随之而来的问题是如

| 推荐序 |

何有效地学习商业模式呢？《商业模式教科书·高级篇》无疑是一个好的选择。第一，该书明确给出了商业模式的定义，对商业模式与主流的战略定义进行了辨析，因为很多商业人士在学习应用商业模式时容易回到战略研究范式的老路中去，所以最终得出的结论也是传统战略范畴之下的结论，这就难以在竞争中通过商业模式实现升维获胜。第二，该书分10类对20种商业模式进行了介绍，而且每一类都有丰富的案例予以说明。商业模式是实践的学科，读者可以从案例的介绍中觅得目标企业得以优化的方向线索。第三，作者将商业模式的10种分类又抽象为业务内部模式、贯穿业务整体的机制和流程、业务间的机制三个部分，这种宏观层面的概括可以帮助读者既见树木又见森林，利于读者快速诊断目标企业在哪个部分存在改善的空间，然后围绕这个部分展开深入的剖析。可以说，《商业模式教科书·高级篇》的出版，使得商业模式可学而至！

中国的商业模式创新既有着鲜明的中国特色，也正逐步成为引领世界商业变革的力量。希望越来越多的中国企业家能够领悟、驾驭商业模式的智慧，并在未来改变商业世界！

张振广

睿德信家族基金总裁

《超越战略：商业模式视角下的竞争优势构建》联合作者

前 言

我写此书的初衷是为所有对商业模式感兴趣的人提供一本参考书。在市场停滞与竞争日益胶着的今天,有许多活跃在一线的领导者以及正要打破传统商界秩序的创业者,希望这本书能对他们起到参考作用。当企业管理策划人员为企业出谋划策时,我希望此书也能为他们提供一些灵感和启发。

为了方便读者阅读,本书采用了体系化的结构,但绝对不是晦涩难懂的专业书籍,书中提到的内容都十分实用。

浅谈商业模式

说到"商业模式",有人并不十分清楚它的含义。这里先简单介绍一下什么是商业模式,书中还会有详细的介绍。

我们可以从与传统战略论对比的角度理解商业模式这个词的性质。"在自己公司选择的市场中,如何在竞争中取胜?"传统的战略论对这个问题没有做出明确的回答。它只告诉我们:首先要选择市场,然后选择在这个市场中的定位。但定位只是市场的一部分,如果竞争对手与我们采取了同样的市场定位,我们应该如何面对竞争?传统战略论并没有给出关于这一问题的明确答案。

对于企业的中层领导来说,市场和定位是企业更高层领导做决策的,如何选择市场或许不是他们应该关心的事,他们的使命是要在既定的市场和定位中取胜。可是,却没有任何理论依据指导他们如何在日新月异的商业竞争中获胜。

在这种现状下,商业模式显得尤为重要。商业模式,是使我们在业界内部的竞争中取得优势的工具。商业模式极富力量,它能将一度成熟的市场再定义,它是创业公司的驱动力,它还是能使我们在行业中取得支配地位的工具。但是商业模式，这个来自美国的权威战略论，其背后还隐藏着许多需要我们深入挖掘的东西。本书对商业模式的概念进行了系统整理，希望能给读者一个大致的思考框架。在讲解的同时大量引用实例，希望读者在读完本书之后，能对具体的商业模式有大致的了解和把握。

与《商业模式·入门篇》的关系及本书的结构

许多读者读过我2014年出版的《商业模式教科书》（以下称为《商业模式·入门篇》）书。如果说它是商业模式的入门篇，那么本书可以说是高级篇了。

下面介绍本书的结构，并说明它与入门篇的关系。

第一部分详细介绍了商业模式的定义，以及商业模式之所以重要的市场背景。《商业模式·入门篇》的重点在于简介式地介绍多种商业模式，本书的重点在于理解商业模式本身的含义。本书的第一部分可以看作商业模式的总论。

第二部分到第四部分，运用图表和大量企业实例来介绍商业模式。本书沿用了入门篇备受好评的简介式说明方式，采用能引起读者兴趣的方式将读者带入商业模式领域。这三个部分不仅是本书的重要部分，更是读起来最有意思的部分，所以读者可以选择从这三个部分开始阅读。不过，为了对商业模式有更加深入的理解，还是建议大家从第一部分开始。另外，为了让读者有更加专业的思考，相较入门篇，本书新增了几个视角。

在这个部分，本书分10类对20种商业模式进行了介绍。在介绍每类商业模式时，除了介绍其要点，还会附加与之相关的其他商业模式的介绍。这里的其他商业模式，有的是在入门篇中介绍过的。当然，即便你没有读过入门篇，理解本书也完全没有问题，但是为了对商业模式能有一个较为深入的理解，还是建议大家读一下《商业模式·入门篇》。

第五部分是针对大家自己分析、建构商业模式提出的一些建议。这一部分相较入门篇而言是一大特色，它将重点放在商业模式的实践性上。

随着信息通信技术的发展，商业模式的重要性越发凸显

当今时代，商业模式正迎来巨大的变革期。商业模式是一种结构性的东西，与信息通信技术这种技术性的东西有极强的相容性。信息通信技术与环境的大幅改变带来商业模式的巨大变革。不仅仅是信息通信技术，当今时代，金融、运输业、技术、服务业等都在发生翻天覆地的变化，伴随这些变化出现的，是层出不穷的新的商业模式。这些新的商业模式为行业中的挑战者提供了变革的机会，使他们有武器对抗行业中的龙头企业。而从龙头企业的角度来看，这些新的商业模式也为它们提供了支配这个行业的新手段。当今时代，随着竞争范围的扩大，多个企业组成联盟，作为整体参与竞争的重要性更加明显；加之资本聚集的加速，企业中各部门之间的相互联系、合作机制也更加重要。

简而言之，商业模式的发展日新月异，竞争范围不断扩大。在这样的背景下，我认为企业的领导者非常有必要提升自己对商业模式的理解和把握能力。希望大家能够活用这本书，在学习商业模式基础知识的同时，将其用于不断变化的商业实战之中。

目 录

第一部分
商业模式总论

什么是商业模式……003

  商业模式的定义……003

  商业模式与传统战略论的关系……005

  商业模式与故事论的关系……008

  商业模式与职能战略／业务的区别……012

  该机制的本质……013

为何现在大力提倡商业模式……017

  传统思维模式的局限……017

  全球化竞争加剧及日本人特有思维模式的局限……019

  商业模式能够带来强大的效果……021

  技术的发展对商业的冲击……023

  本书所介绍的"机制"的种类……025

第二部分
商业模式分论①
业务内部模块篇

第 1 章 目标市场定义……033

  商业模式 1 商业服务……033

  佳能、得斯清、罗尔斯·罗伊斯、普利司通等

| 商业模式教科书·高级篇 | The Business Model Handbook |

商业模式 2　从高端产品、低端产品入手……040

倍乐生、柯尔特、可尔姿健身等

◆ 构建商业模式的重点：目标市场定义……045

第 2 章　获取客户……055

商业模式 3　从其他业务渠道获取客户……055

东日本铁路公司、永旺、NTT Docomo、大塚商会、欧力士、瑞穗实业银行等

商业模式 4　使用外部数据……060

苏黎世保险、JCB 等

商业模式 5　多层次营销……065

安利、三基商事、如新、诺薇雅、香罗奈等

◆ 构建商业模式的重点：获取客户……070

第 3 章　留住客户……076

商业模式 6　建立客户社区……076

哈雷戴维森、尼康、路易威登、小米等

商业模式 7　用贷款等金融手段留住客户……082

NTT Docomo、亚马逊日本、日本农协、KOMERI、欧力士等

◆ 构建商业模式的重点：留住客户……087

第 4 章　供应链……091

商业模式 8　生产销售一体化……091

盖璞、迅销集团、佐芙、眼镜市场、宜家等

商业模式 9　资源的动态分配……097

川崎汽船、日本邮船、商船三井、航空业界、银行自助取款机等

◆ 构建商业模式的重点：供应链……102

第 5 章　资源的获取……109

商业模式 10　专业服务公司……109

麦肯锡、吉本兴业、AKB48 等

◆ 专栏　V4 框架和四盒模型……115

| 目录 |

　　　　商业模式 11　企业风险投资……116

　　　　谷歌、英特尔、三星电子、格力、日本电通等

　　◆ 构建商业模式的重点：资源的获取……121

第三部分
商业模式分论②
贯穿业务整体的机制、流程篇

第 6 章　**良性循环**……127

　　　　商业模式 12　聚合……127

　　　　日本价格网、格诺西、BLOGOS 等

　　　　商业模式 13　专家……132

　　　　提爱斯信息系统有限公司、世界堂、加达利电子、野村综合研究所等

　　　　商业模式 14　专业企业……137

　　　　鸿海精密工业、NTT Finance、急送流通系统公司等

　　◆ 构建商业模式的重点：良性循环……142

第 7 章　**生命周期**……154

　　　　商业模式 15　产品信息反馈……154

　　　　小松集团、罗尔斯·罗伊斯、通用电气、约翰迪尔等

　　　　商业模式 16　多窗口……159

　　　　万代南梦宫、大金工业、通用电气等

　　◆ 构建商业模式的重点：生命周期……164

第 8 章　**财务模型**……169

　　　　商业模式 17　定额制……169

　　　　苹果、奈飞、美尼康、ROUND1 等

　　◆ 专栏　商业模式画布……175

　　◆ 构建商业模式的重点：财务模型……176

003

第四部分
商业模式分论③
业务间机制篇

第9章 | 合作……189

　　商业模式18　经销权……189

　　　7-11、公文教育、喜来登、21世纪、酒店连锁等

　　商业模式19　企业集团……195

　　　Kindle、Kobo、三井不动产、维萨卡等

　◆ 专栏　笔者推荐的商业模式框架……200

　◆ 构建商业模式的重点：合作……202

第10章 | 合并……208

　　商业模式20　生产与销售分离的收购整合……208

　　　ABB集团、日本烟草公司、松下电器、朝日集团控股等

　◆ 构建商业模式的重点：合并……213

第五部分
有效商业模式的构建方法

知己知彼，百战不殆……221

现有模式改革的必要性探讨……223

重新定义目标市场……225

从成功的关键因素角度来构建模块……227

构建能持续保持优势的机制……230

采用客户追踪法和原型法……232

制订新模式的构建计划……234

后记　从平时做起——收集、整理商业模式……237

第一部分 商业模式总论
ABOUT BUSINESS MODEL

第一部分在介绍商业模式定义的同时，分析了当今社会为何商业模式如此重要，并介绍了一些与商业模式相关的机制。在进入第二部分"商业模式分论"之前，希望各位认真研读第一部分，对商业模式有明确的理解和大致的思维框架。

什么是商业模式

商业模式的定义

在特定行业内部的商业策略

"商业模式"这个词,有多种意思,大家平时会很自然地使用它。目前对于商业模式,并没有一个完整的定义,特别是在它与战略论及业务模式的关系上,界限十分模糊。这样的词,在商业用语里是很少见的。

我认为,商业模式是指"在某种行业内,以在竞争中获得优势为目的的一种机制"。下面对这个定义进行逐一解释。

首先,商业模式是以某种行业为前提的。这里所说的"行业",可以理解为某种商品或者服务市场的整体。行业,是比"向谁卖什么"这种严密的市场定义更宽泛的概念,指的是一个实际的竞争空间。比如说,卖电脑与把电脑包装成解决用户的某种需求而存在的东西,在"卖什么"这一点上,这两者是不同的。因此,严格来讲,这两者所面向的市场,其定义是不同的。但是,如果向用户出售电脑,且面对同一个用户,其中一种方法没能把这台电脑卖出去,从这个意义上来讲,这两种方法之间就形成了一种竞争关系。另外,行业也是企业的一个移动壁垒,不同行业内的竞争完全不同,某一企业要想马上进军其他行业是很难的。所以,商业模式的意义在于,让你知道在某种实际的企业竞争空间内部,应采取怎样的商业策略。

反过来讲,商业模式论认为,一个行业的企业很难参与到另一个行业中去。比如,美国通用电气公司一直从事制造业,想进入金融业基本是不可能的。这也是本书后面会讲到的传统战略论问题。虽说商业模式是对提供价值和顾客部分的再定义，也不过是指为了在行业内部的竞争中获得优势而进行的机制输出。用赛车来举例，为了赢得比赛，赛车手会考虑该怎么跑这个赛道，但是他绝对不会考虑去参加其他的比赛。用军事来举例，为了赢得战争，作战方会考虑在战场上调整作战位置，但是绝对不会想着去改变战场。

但是，本书希望通过各行业之间的资源共享，使各行业进入同一个良性循环，或者通过共享某一商业要素的生命周期，能为各行业提供一个放之四海而皆准的商业模式，从而帮助各行各业的企业在竞争中取胜。本书的宗旨就在于此。

商业模式不分行业，因此，同一个商业模式能在不同行业被灵活运用。换句话说，商业模式与专注于市场选择的传统战略论是不同的，它可以被不同的行业所采用。即便不是自己公司所在行业的商业模式，也适用于自己的公司。

目的是在竞争中取胜

商业模式的另外一个重要性质是，它是为了在竞争中取胜而构建的。一家公司里有许多机制，商业模式关注的是能让公司在竞争中处于优势的机制，甚至这个机制能使公司一直处于优势地位。也就是说，这个模式要么难以被其他公司模仿，要么即便被模仿也无法被超越。

商业模式是能使公司在竞争中产生优势的工具。我们在探讨有效的商业模式时，应将其与竞争对手和行业标准联系起来讨论。首先我们要讨论的是，在与主要竞争对手和行业标准的商业模式进行比较之后，如何构建出一个有优势的商业模式。例如，在本书后面我们进行详细解说的**生产销售一体化**以及**定额制**，在谈论这些商业模式时，我们都是将其与行业标准及主要竞争对手的供应链和收入模式相比较来进行论述的。另外，本书更进一步考察了在竞争对手与你的公司采用同样商业模式的情况下，如何保持优势，即优势的可持续性。

构建商业模式是为了在竞争中取胜，即它是一个可以盈利的机制。在竞争中取胜带来的是利润上升和利率最大化。

正因如此，以提高商业机能和业务本身为目的的业务流程重组、各种规则等，以及基于这些规则维持企业机能的财务等机制不能被称为商业模式。

商业模式的本质是"机制"

最后一点，商业模式是一种机制。至于机制是什么，这一点在后面会详细讲到，这里先讲一讲为什么商业模式必须是一种"机制"。如果商业模式不是一种机制，它就是一种没有规律性、不能被总结的东西，那么也就没有被拿来分析和讨论的意义。而一旦失去了规律性和可总结性，它也就失去了控制。当然，也存在完全凭借个人感觉进行判断，每次经不同的路径最终获得成功的案例，但是这种获得成功的过程无法机制化。不过即使在这种情况下，如何选择具备这样能力的人，也还是有规律可循的。如果真的完全没有任何规律，这样的成功就无法复制，也就没有在这里讨论的意义了。

到这里，我们逐一分析了商业模式定义里每个词的含义，接下来，我们来分析一下容易与商业模式混淆的周边概念以及它们与商业模式的区别，希望大家能够进一步加深对商业模式的理解。

商业模式与传统战略论的关系

以"市场选择"为主要内容的传统战略论

商业模式能否算作战略的一部分，这是一个很难回答的问题。在商业模式的定义中，最容易被混淆的，恐怕就是它与战略的关系。针对这个问题，我的回答是，"虽不能说它是传统战略论的一部分，但是从它是一种在竞争中获得长期优势的手段这一点来看，可以看作战略的一部分"。为了更好地理解商业模式与战略的关系，我们先来看看战略的定义以及传统战略论的内容。

首先,什么是战略?"战略"一词原本是军事用语,指在战争中以取胜为目的的,一种长期性的、综合性的策略。也就是说,战略是取胜的一种手段。另外,战略是从众多备选项中选出的一个最佳方案,如果不是在众多备选项中挑选出来,这种选择只能算作穷途末路。这是"战略"普遍具有的特征。

那么,在传统战略论中,为了取胜可采取的手段有哪些呢?在迈克尔·波特论述的传统战略论中,战略指市场以及在市场中如何进行市场定位。波特提出的"五力模型"以及"三种竞争战略"就是市场定位的一种方法。存在这样一种收益性高的市场:在竞争的数量和质量、有无替代品等这种大层面上竞争压力较小,并且供应商和顾客等的要求较少。企业应该选择进入这样的市场,并且在这种市场中,有三种基本竞争战略,即:成本领先,产品在某种要素上"差异化"、向利基产业集中。采取其中任何一种战略都可以让企业在市场中占据有利地位。传统战略论虽然考虑到行业这个广义的市场,也考虑到在广义市场中如何进行具体的市场定位,但是对于在市场中的具体商业策略却完全没有提及。波特在战略论中,把市场中的定位与自己公司的特征相结合,从价值链的角度考虑这一问题。但是他考虑的重点仍然在市场,而不是市场中具体的商业策略。这种传统战略论者被称作定位学派。

与定位学派相对,还有另一种学派。这种学派认为,自己公司的资产和能力是最重要的,他们更倾向于从自己公司资产和能力的角度去考虑如何获得业务的成功。杰恩·巴尼、加里·哈默尔、普哈拉等都是这一学派的代表人物,杰恩·巴尼提出的 VRIO 模型是此学派思想的代表。VRIO 是针对企业内部资源与能力,分析企业竞争优势和弱点的工具。它由四个问题构成:价值(Value)问题、稀有性(Rareness)问题、不可模仿性(Inimitability)问题以及组织(Organization)问题。使用 VRIO 模型理论获得成功的较著名的例子有:本田在竞争激烈的汽车行业脱颖而出,佳能在有巨头垄断的复印机行业获得市场等。该理论认为,在市场内取胜才是成功的关键,公司的资产和能力都在考虑范围之外,资产和能力是伴随着成功而得到的。另外,这种理论同样认为策略的主要内容（即可以选择的对象）是市场。但是，与波特的理论不同的是，波特认为市场之所以重要在于市场本身，而这种理论认为其原因在于公司的资产和能力。这种重视自己公司特征的学派叫作能力学派。

以考虑"市场内部的制胜策略"为主的商业模式

正如我们之前所介绍的，传统战略论考虑的重点在于市场的选择。它的主要观点是：只有这个市场具有盈利能力，自己公司才有获得利润的可能，如果市场与自己公司的能力不具有一致性，是无论如何不可能获利的。这种想法不无道理。但是只考虑市场，是无法在竞争中取胜的。在军事领域，战场确定了之后，在这个战场内的作战策略同样十分重要，商业领域亦是如此。市场确定之后，在这个市场内的商业策略同样十分重要。但是在传统战略论中，谈到在市场中取胜的策略，除了考虑自己公司的资产、能力与市场的一致性之外，并没有提及商业策略。

与这些传统战略论相比，商业模式的内容有很大不同。商业模式所关注的主要问题，是在广义的市场即行业已经选择好了的前提下，探讨在特定行业内的商业策略。商业模式所探讨的，是如何构建一个机制去支撑已经选择的市场定位，用军事术语来说，就是特定战场内的作战策略。

在这里要再提一下我在本章开篇就提到的商业模式的定义：商业模式是指在某特定行业内，以获得持续竞争优势为目的的机制。要想获得业务的成功，商业模式是必须考虑的问题，这是传统战略论没有涉及的内容。另外，商业模式也可以说是经营策略的一部分。

当今商界，关于市场及市场定位的信息服务越来越透明，企业可以通过顾问公司了解其他公司的实力，并且随着全球化的发展，同一市场内的竞争对手越来越多，在这种背景下，商家的重点由如何选择市场转移到在市场中的商业策略。传统战略论认为，商业模式并不是指战略内容本身，而是指战略的实施，所以传统战略论不探讨商业模式的问题。但是，在当今社会，正是战略的实施决定了业务的成败。传统战略论认为战略就是市场，把市场定义为顾客和商品，于是只考虑"向谁""卖什么"的问题。现在，仅仅考虑这两个问题是不够的，战略问题已经变成了"向谁""卖什么""怎么卖"的问题了。商业模式要解决的正是"怎么卖"。在军事领域，所谓战略，并不是指如何选择战场，而是指在战场内的作战策略。从这个意义上来看，商业模式虽然并不在传统战略论的讨论范围之内，却是战略的一部分。

商业模式与故事论的关系

引起轰动的故事论

一桥大学研究生院楠木建教授的著作《战略就是讲故事》提出了与传统战略论相反的观点，曾轰动一时。所谓讲故事，其重点也是放在商业的过程上，从这一点来看，它与商业模式的基础是一样的。故事论的重点不在市场的选择，而在市场内部的商业策略，从这一点上看，它与传统战略论划清了界限，其内容实质更接近商业模式。我认为，楠木教授之所以在他的著作里把战略叫作"竞争战略"，是为了强调"战略是为了在有流动性的市场内与其他公司竞争"这个性质。那么故事论与商业模式是否就是同一种东西呢？其界限其实并不清晰。

如果我们仅仅把将企业内部部门、中间商、客户联系起来的可以固定化的机制称作商业模式，那么良性循环、生命周期等这些流动性的东西是属于故事论的，从这个角度，或许我们可以看出商业模式与故事论的不同。但是本书认为，良性循环、生命周期等流动性的东西也都是可以固定化的，也把它们作为商业模式的一部分来考虑。这样一来，商业模式与故事论的界限就更模糊了。

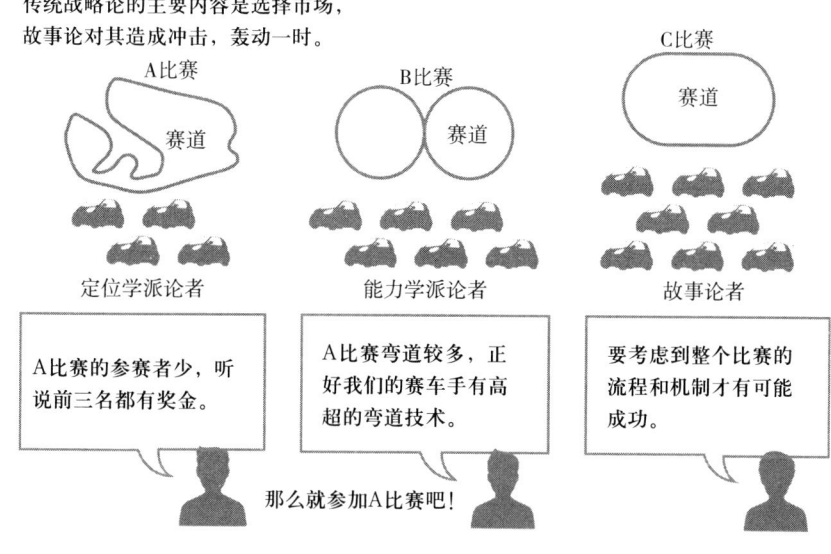

图 1-1　传统战略论

如果一定要说商业模式与故事论有什么不同，我个人认为，商业模式是一种机制，也就是说它是可以反复利用的，它的考察对象是被定型化的东西。而故事论里所谓的故事不是一种机制，它是在某一行业内，针对某一次战局变化所采取的最优的一次性战略。这种一次性的战略并不能被反复进行，所以它不能被称为一种机制。

这样解释可能有些晦涩，下面举例进行详细说明。

举个商业外的例子，比如武术。在武术领域，"比赛进程"和"招数"是有区别的。"招数"是按照一定路数完成的定式动作，而在商业领域指的就是商业模式，而"比赛进程"则相当于故事。"招数"具有通用性，在不同的比赛中可以反复运用。但是每场比赛的"比赛进程"都不同，它因参赛选手性格及力量的不同而不同，具有特性。虽说"比赛进程"在胜负上起决定性作用，但是日常生活中可以反复操练的还是实用性较强的"招数"。

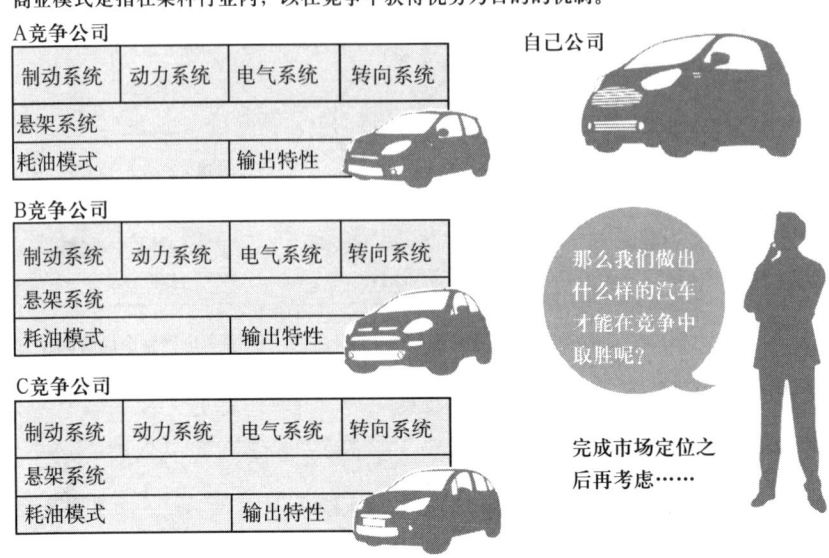

图 1-2　商业模式

在军事领域故事论与商业模式的区别

在军事领域，某次战争中的战争进程，与在多次战争中可以被反复使用的战术是不同的。图 1-3 是日本联合舰队参谋秋山中佐在日本海海战时，为击败波罗的海舰队绘制的战略图。左边是七段战法，这是最上乘的战术，但是只用了这一次，而且只适用于从对马岛到海参崴（现称符拉迪沃斯托克）这一战场，是特地针对俄方波罗的海舰队所采取的战术。这场海战中用到的丁字战法，是可以被反复利用的战术。所谓丁字战法，就是在俄军舰队的前方与俄方军舰垂直一字排开一列舰队，然后全力射击俄军前方的军舰使其沉没，待俄军前方军舰沉没之后再依次击沉后面的军舰，直至俄方军舰全部沉没的战术。在这种战术下，日方一艘一艘地慢慢击沉对方军舰，这样即便俄军的规模大于日军，也能全部歼灭俄军。丁字战法，在武术中就是"招数"，在商业领域就是商业模式，它广泛适用于不同的战场。其实，早在日本海海战之前的黄海海战中就采用过丁字战法，对抗中国旅顺港的俄国舰队。日本海海战中的丁字战法正是其改良版。

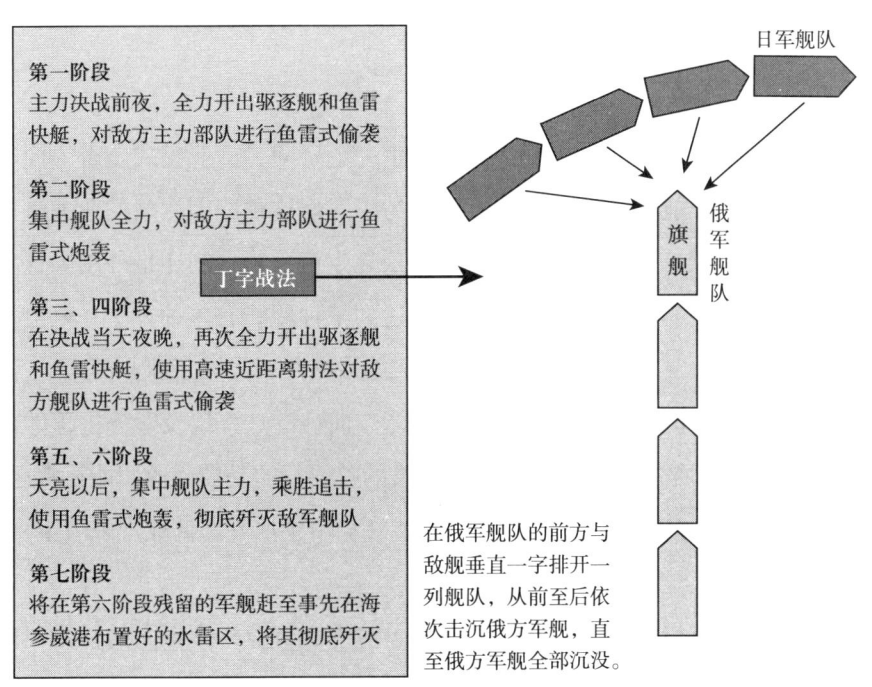

图1-3 击溃波罗的海舰队的战略（故事论与商业模式的关系）

如上所述，商业模式是一种机制，是可以被反复利用的。但是故事论却只能用一次，针对不同的市场有不同的"故事"。虽然故事论里所采用的"故事"是这个行业里最高效的商业流程，但因无法将其模型化，所以无法学习，它的实际效用也就远远低于商业模式。

不过，我个人认为，即便这种最高效的商业流程只有一次，我们还是可以想办法使其不局限于这一个行业，将其模型化，使之可以被反复利用。只要可以被反复利用，就可以用来学习。只要可以将其模型化，即便它只能在某一特定行业使用一次，本书也将其视作商业模式。实际上在第二部分商业模式中的**从高端产品、低端产品入手**就是被模型化的一种最高效的商业进程。

商业模式与职能战略/业务的区别

意义在于与竞争对手的较量

如果说商业模式是一种机制，就会产生一个疑问：商业模式是否等同于职能战略（即商务职能中的选择问题）以及为了实现这种职能战略的业务进程？如在生产战略领域，是采用订货生产还是预先生产、是自制还是外制等这些关于基本的生产方式有许多的可选项，由于达到某种职能有多种方法，就会产生多种选项。有些人便产生了上述疑问，即职能战略是否等同于商业模式。

两者之间的不同在于，职能战略中职能方向性的选择以及业务进程的模式化。说到底两者都是关于职能的，职能战略的首要目的是使商业职能正常运转。而商业模式的关注点在于，采用何种机制能在竞争中取胜。商业模式最重视的，是竞争。

商业模式的重点在于，构建一个与竞争对手和行业标准不同的模式，以及如何使这个模式比竞争对手有优势，如何保持这个优势。竞争就是要与他人比较，从这个意义来看，在业务咨询里常用的标杆管理，行业内作为标准使用的打包式软件的批量引入以及这些软件所带的程序的引入，都与商业模式的思维方式相反。

本书后文也将多次提到，在使用各种商业模式的框架时，应该考虑这种商业模式在与对手的竞争中能保持多大的优势，而不应该只关注自己公司就去做模型。要想熟练掌握商业模式的框架，熟练者可以只记其与行业标准的差距，初学者还是应该先理解行业标准是什么，再去考虑自己公司应该采取怎样的商业模式。

另外，在保持优势之外还需重视一个问题，即如何让竞争对手无法模仿这种模式，或者说即便模仿，它也不可能超越我，即由商业模式衍生出的竞争优势的可持续性问题。传统战略论关注的焦点在于市场定位（即市场选择），商业模式对竞争的了解虽没有传统战略论那么详尽，但只要这个商业模式是有优势的，它就有可能被模仿。但这里面一定有某一部分不能被模仿，或者说即便被模仿，有一部分也是无法被超越的。我们在探讨商业模式时，不仅要考虑模式这种机制本身，还应该考虑它为什么有竞争优势，以及这种优势为何可以持续下去。

商业模式是连接战略和业务进程的媒介

如何将业务战略、职能战略与业务进程及进程中的信息通信技术和运输等系统整合，这个问题一直被讨论，但是至今仍没有明确的答案。

其实，很多咨询公司接触的案例中，战略咨询与职能战略咨询、业务进程咨询完全是分离的，这在行业内被看作一个大问题。究其原因，我认为是传统战略论只重视市场选择，而忽视其与业务进程间的商业模式的考察造成的。正确的方法应该是，先确定市场定位战略，再讨论市场内部的商业策略即商业模式，在此基础上再去构建业务进程以及信息通信技术等机制。

如上所述，市场内部的竞争对企业来说十分重要，今后，无论是考虑战略论，还是考虑职能战略、业务进程，都必须考虑商业模式。商业模式，是将这些战略、职能以及业务进程联系起来的媒介。

该机制的本质

结构 + 安排 = 机制

商业模式被定义为"机制"，那么，什么是"机制"？虽然之前将商业模式定义为"机制"，但由于对"机制"定义的模糊，有很多东西都被说成商业模式。在这里首先给大家解释一下"机制"。

在《大辞林》（三省堂版）里查"机制"这个词，会出现以下结果。

①（机械等装配物的）构造，结构，机制。【机器的机制】
②（事物的）结构，构成，策划，安排。【巧妙的机制】【命运的机制】
③（剧本、小说等的）情节、构造。

也就是说，"机制"由"结构"和"安排"这两个要素组成。

只有"结构"不起作用

首先，说到结构，图1-4经常用来描述商业模式。该图是一个典型的例子，这个结构本身是机制中不变的部分。它显示的是参与交易的实体及他们之间的关系。除此之外，还显示了他们之间是如何转换的，供应链经过了一个怎样的处理和运输阶段，价格是由哪些要素决定的，成本又是由哪些要素决定的。一提到商业模式，想必很多读者会想到这幅图。

但是，仅仅有结构是不够的，我认为要想让一个机制有效运转，必须要有安排，也就是推动力。机制的目的是要发挥效果，光靠结构是无法发挥效果的，必须要有推动力，去推动它达到这个效果。图1-4中参与交易的实体之间用箭头连接，这些箭头就是推动力。

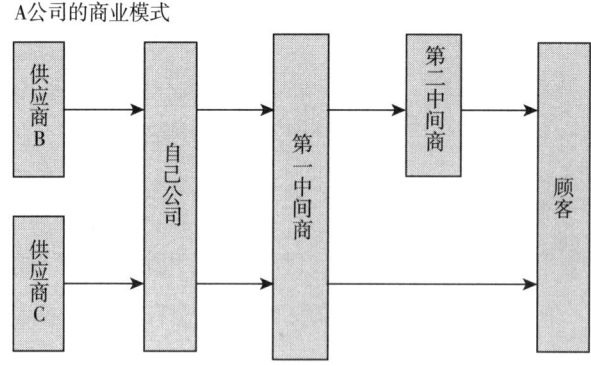

图1-4 常见的商业模式

除了商业模式以外,其他的机制也可以看作由结构和推动力两个要素构成的。在修筑石油、化学等大规模成套设备时,除了配置图之外,还要画流程图。设计图不仅要显示机器的整体布置,还应该显示石油、化学物品在各个机器之间如何流动,电流在各个机器之间如何流动。设计信息技术系统时也是如此,我们在设计系统整体结构的同时,还要设计支撑这些整体构造的数据流。商业模式也是一种机制,任何机制都离不开这两个要素。

这里有一点需要注意,在机制的这两个要素中,相比结构,推动力是一个与时间相关的概念,较难把握及用图表示。推动力毕竟用肉眼看不到,要按照时间的推移将其变化用图表示出来,确实要费一番心思。因此,在描述商业模式的时候,推动力常常被省略。本书"第二部分业务内部模块篇"介绍的商业模式,其流程都用图表示出来了,但是"第三部分贯穿业务整体的机制、流程篇"的"第6章良性循环"中介绍的商业模式就很难用图去表示其推动力。

推动力是商业模式的关键

在构成机制的两个要素"结构"和"推动力"中,相比其他研究商业模式的学者,我更加重视推动力这一要素。其原因有二:第一,推动力所蕴含的潜力和可能性更大;第二,推动力比较难以控制。

我认为推动力是在竞争中取得优势及将这种优势保持下去的源泉。以模考领域为例,二战后,旺文社模考一直在模考行业占据领军地位,当时福武书店只是一个地方的小企业,且经营资源有限,但是它的进研模考竟然能够席卷整个模考市场,就是因为它刚进这个行业时只针对超一流高校,之后再慢慢将市场扩大到普通高校。我们再来冷静思考一下福武书店是如何杀入一个有巨头垄断的行业并且占据半壁江山的,正是因为它有从超一流高校到普通高校市场的这样一个流动性的安排,即推动力。

什么叫推动力？用其他的竞技活动来比喻大家就明白了。以武术的代表柔道来说，人们常说"以柔克刚"是柔道的本质，"柔"表示的就是一种内部积蓄的能量，也就是推动力。"以柔克刚"说的是利用这种"柔"去战胜体格比自己魁梧的对手。之前讲到的军事领域的丁字战法，它之所以能在俄军规模大于日军的情况下使日军取得胜利，就是因为它有逐一击沉对方军舰的这种动态的安排。其实，波罗的海舰队的规模在日本联合舰队两倍以上，日本联合舰队想取胜是十分困难的。

因为推动力具有强大的能量，我比其他研究商业模式的学者更加重视推动力。很多学者认为"良性循环""生命周期"不属于商业模式，但是我在本书的第二部分以后，把它们也当作商业模式的一环来考虑，也是基于这个原因。

虽说推动力具有强大的能量，但是它也很难控制。推动力比结构更加难以构建，且易受顾客、中间商等实体的影响，所以不一定会像我们预想的那样有效果。特别是战况的发展、良性循环等，都具有很强的不可控性，于是就需要我们"随机应变"。但"随机应变"是非常具有艺术性的，它并不像商业模式这样有规律可循。我在本书的第五部分建议大家在构建商业模式时采用原型法，也是基于这个原因。

推动力是比商业进程更广的概念

我之所以选用"推动力"而不用"商业进程"，是因为商业进程中并不包含因果关系和流程这样动态的东西，可恰恰这些动态的东西才是关键。

商业领域中的进程，指的是主体为使一件事情顺利进行采用的一种办事流程。但是我所说的商业模式还包括良性循环等没有主体的东西和生命周期等会随着时间自然变化的东西。这些流程或者说是进程，虽然可以凭借自己的意志去控制其进度，但是可控性却没有那么强。既然它是在竞争中取得优势的源泉，我们自然不能忽视。

为何现在大力提倡商业模式

传统思维模式的局限

市场内部商业策略框架的缺乏

前面我们讲到什么是商业模式,现在我们来介绍为什么现在要大力提倡商业模式。

首先要说明的是,商业模式的思考方式与传统的商业思考体系完全不同。

之前已经反复提到,传统战略论将市场定位即市场的选择问题作为考察对象,完全没有提及在选定市场之后市场内部的商业策略。能力学派论虽然考虑到了市场内部的成败问题,但是只去选择在自己能力范围内能够获取利益的市场。故事论在对待市场内部商业策略上,引入了"进程"这样一个动态的概念,将"战略"这一概念向前大大推进了一步,但是至少现阶段故事论还没有提出具体的商业策略。而职能战略和业务进程,以实现商业职能为目的,缺乏竞争意识。这些现有的理论体系都没有提及市场内部的具体商业策略。

在市场内部竞争中制胜理论的缺乏,导致商业一线有许多弊端。

对于活跃在商业一线的领导者来说,市场是上层领导决定的,他们只能被动接受,而在这个被动接受的市场内,他们要在没有任何理论指导的情况下与对手竞争,这是商业一线常见的问题。许多中层领导,如业务部长、部长、科长等人,他们没有选择市场的权利,但他们领导的部门却被冠上市场的名号。传统战略论以及职能战略、业务进程等并没有为这些中层领导者提供实战策略。很多人认为"既然是领导者,就应该是有战略的"。高层领导只需要在战略顾问的辅佐下选择市场、提出经营计划，之后他们埋怨"为什么我们公司的中间层没有战略"。但是高层领导并没有意识到，对于管理层的战略和对于中间层的战略是不一样的。不是谁都可以只需坐观全局、做大方向的指导就可以的。收到命令要奔赴前线的司令，他们需要的战略是可以在战场上消灭敌人的战略。

商业教育的内容仅限发展"新业务"

对市场内部竞争缺乏思考，导致了商业教育现场的混乱。商业教育现场至今没有向学员讲授商业模式相关的问题，结果造成战略论的讲授不全面。在商业教育现场，经常会有关于中间管理层如何开发新业务的课程。公司会选出几位中间管理层做学员，教他们如何开发新业务，主要形式是总经理对他们提出要求，然后讲师向他们讲授构建方案的技巧，在这过程中学员可以学习战略论的知识。那么这里出现了一个问题，为什么要把新业务开发作为学习的重点呢？因为主要考虑的是讲师的情况，讲师可能没有那么丰富的知识去教学员如何应对各个公司在商业现场所遇到的不同问题，所以就选择了学员们不太了解的新业务开发作为学习的内容。

不过，最本质的原因还是在于以市场选择为主要内容的传统战略论的性质。要讲新业务的开发，就一定会讲到如何进入一个新的市场，这里所涉及的"物理模型"和态势分析法（SWOT）等讲师准备的材料与战略论是相符的。但是，对企业来说，做好企业的本行绝对比开发新业务要重要得多。企业的中层管理者在接受商业教育之后，还是没能学到在市场作战的实战技巧，就回到商业前线了。

顾问界的不同步

最后我想提一下我自己所在的商业顾问领域。在顾问领域，战略顾问和职能、业务顾问之间也有不可逾越的鸿沟。战略顾问提出了一个战略，而职能、业务顾问却不用它，结果导致业务无视战略，设计出一个与战略不同步的业务，这种情况比比皆是。因为现在的顾问市场，都是把战略顾问和职能、业务顾问分开的。

我认为两者的分离是没有考虑商业模式造成的。为了将这二者有机结合起来，商业模式论是十分必要的。

全球化竞争加剧及日本人特有思维模式的局限

日式思维与商业模式相去甚远

前文提到一直以来，我们在思考竞争的时候，没有考虑商业模式，我认为其中有日本人特有的思维模式的原因。日本人特有的思维模式阻碍了人们去考虑商业模式，所以我就更要强调商业模式的重要性。

- "只要产品好，就一定能成功"

长期以来日本人一直痴迷于对产品和服务的改造。日本制造的产品在世界各地享有盛誉。但是，日本产品是否就在世界市场上占据了最大份额呢？事实是，日本企业的产品在产品质量和成本方面领先于海外企业，却没能取得与之相对应的收益。

全球化竞争，是在和与我们拥有不同思维方式的对手竞争。这种竞争同只与日本企业竞争是不能比的。"在行业内强敌如林的情况下如何取胜"，是我们必须认真思考的问题。不得不承认，在全球化竞争中，除了丰田等少数企业之外，日本企业并没有取得优势地位。日本不仅落后于欧美等发达国家，而且正在被新兴国家的企业如三星、华为等赶超。单从产品质量上讲，日产产品还是处于领先地位的，所以日本企业处于劣势的原因应该不在产品质量上。日本商品的产地也在新兴国家，所以也不存在其他国家产地在新兴国家所以比日本成本低的问题。在这样的现实面前，我们必须认真思考日本企业该如何在全球化竞争中取胜。

当前，很多行业迎来成熟期，模仿盛行、数字化进步飞快，商品性能之间的差距越来越小。日本企业已经不能凭借自己良好的商品质量在全球化竞争中取胜了，我们必须找到除产品质量之外的武器。而商业模式所探讨的，正是产品质量之外的销售方法和商业策略。微处理机、快速存储器、液晶电视等，很多产品都是日本开发并最先制造出来的，但是最终，在这些领域做得最好的，却是他国企业。作为一名商业顾问，我深知以前我们引以为豪的日本企业已日渐衰落。为了不使日本企业继续衰落下去，我们必须认真思考应该怎么做。这其中重要的一环，就是商业模式。

- "以独有的技术取胜"

日本企业一直引以为豪的商品质量，最近也开始显现出令人不安的迹象。就在日本企业还一门心思地想着如何提高自己技术的时候，欧美企业已经开始构建引入外来技术的机制了。不用说，新发明更多地发生在公司之外。虽然我们无法控制新发明的出现，但是哪个企业最先取得这些新发明的独占所有权，这个企业就抢占了先机。现在在信息通信技术领域处于世界领先地位的，既不是富士通、日本电气等日本企业，也不是与日本企业有着相近思维方式的国际商用机器公司（IBM）等传统企业，而是拥有将外部技术和创意迅速引入机制的谷歌、思科、高通、苹果等企业，这些企业所拥有的活力是传统企业无法比拟的。有人说，"那不是他们自己的技术，是从别人那儿买来的"……但是，果真如此吗？如果是这样，为什么日本企业不这么做呢？

- "努力和韧劲"

日本人喜欢靠自己的本事、努力和韧劲取胜。如果没有努力过，人会后悔，但是只要努力过了，即便没有成功，也可以安慰自己："我已经努力了，失败也是没有办法的事。"如果是多人合作的情况，日本人倾向于通过一种临时的、随机应变的默契配合来取胜。

与之相反，欧美人特别是美国人则倾向于找出一种适用于任何人、任何场合的机制来取胜。再以军事为例，虽然日本的零式舰载战斗机无论在性能上还是飞行员的技术上都胜于美国的格鲁门 F6F 战斗机，但是美军经常运用这样固定的作战方式取胜：将两架格鲁门 F6F 战斗机进行组合，用前面一辆战斗机追击零式舰载战斗机，因为被前面这架战斗机追得晕头转向，自然也就落在后面这架战斗机的枪林弹雨里了。

美国人喜欢将某种东西机制化，再对这种机制进行系统学习。运用这种机制达到的效果，并不因操作人的能力不同而产生差异。另外，在这种机制下，许多人作为一个整体为同一目标而努力，比起日本式的将一群人随机组合在一起临场作战，从本质上讲，要强得多，适用的范围也广得多。并且这种机制在运用过程中被不断地改善，在不断改善的过程中它变成一种适用范围更广，更容易被掌握的机制。

美国人之所以喜欢机制化、体系化，是因为美国是一个多民族国家，他们不可能像日本人那样为了一件事情去默契配合。在美国，股东和经营者分工明确，经营者自上而下分配工作。这是由美国社会的特殊性衍生出来的东西。现在日本企业正在进军国际市场，日本企业也必须意识到，我们不能再像在国内那样，只想着靠努力、靠韧性就能取胜，我们也必须去学习这种机制化的东西。

商业模式能够带来强大的效果

优衣库、雀巢的飞速发展中有商业模式的影子

商业模式能帮你在竞争中取得巨大优势，因此我们大力提倡商业模式。

商业模式能为你在竞争中带来巨大优势，本书的"商业模式 8 **生产销售一体化**"中提到的迅销集团（优衣库）的成功案例很好地说明了这一点。迅销集团，从生产到零售全都自己一手包揽，包括仓库管理、生产计划、店铺的顾客反馈全都是一条龙，这种与瑞纳（RENOWN）、恩瓦德（ONWARD）、世界时装（WORLD）等传统服装企业完全不同的商业模式，为迅销集团赢得了大量的客户和遥遥领先于同行业其他公司的营业额。迅销集团凭借这种模式成了日本服装产业当之无愧的龙头。

商业模式具有将已经成熟定型的市场重新设定的能力。比如，雀巢日本所采用的"雀巢大使"营销方案，将咖啡机无偿送给公司，然后卖一杯咖啡赚一杯的钱，这样的商业模式改变了咖啡贩卖的基本模式，为雀巢长期停滞的咖啡产业带来了生机。截止到2014年8月，雀巢咖啡在日本拥有14万人的客户量，据日本经济新闻社推算，这个数字相当于抢走了星巴克84家店的营业额。"雀巢大使"这种商业模式也可称作一种直接模式，雀巢采用这种模式，省掉了咖啡走向零售的手续费等费用。在公司放置咖啡机，只要咖啡机一直在那儿，就能够保证雀巢会一直有客户，而且这种模式几乎没有公司能与其竞争。"雀巢大使"获得了第六届日本市场大奖，这种模式直接跳过了商品流通、产品开发、定价等市场范围内的流程，它是对包括供给方改革在内的传统产业模式的一次彻底改造，可以称作一个新的商业模式。

无论是创业公司还是成熟公司，商业模式都必不可少

商业模式也是创业公司的制胜法宝。"保险的窗口"采用的是与多家保险公司及保险代理签约，在店里作为顾客的代理人帮助顾客挑选最适合自己的保险公司的商业模式，获得了巨大的成功。"保险的窗口"也并非开发了什么特殊的技术，不过是在商业手段上与传统的保险公司略有不同，也就是在商业模式上动了脑筋。提到创业公司，很多人会觉得它们是拥有新技术的公司，其实很多情况下，它们只是像这样采取了一种跟同行不同的商业模式，便在行业中获得了巨大的成功。当然，如果是拥有新技术的公司，再配上适合的商业模式，那是最好不过的了。

商业模式同样也是成熟公司巩固自己在业界地位的工具。在本书的第二部分也会提到，美国通用电气公司在飞行器引擎等业务方面，收集、分析自己产品销售出去后的驾驶、操作信息及反馈，并不断改进，以稳固自己在业界的地位，同时，将飞行器引擎技术应用于发电汽轮机，使其独特的业务结构转换为固定的优势。

像这样通过构建与同行公司不同的商业模式从而在竞争中占据压倒性优势的例子不胜枚举。可以说借助商业模式的竞争，与完全依赖商品和价格的竞争不是一个层面的。我希望各位读者也一定采用商业模式，感受一下商业模式带给你们的巨大优势。

技术的发展对商业的冲击

与信息通信技术一起加速变化的商业模式

至于为何现在大力提倡商业模式，最后讲一点，信息通信技术、物流、机器人技术、金融等技术的发展以及服务有效性的变化给商业模式带来了巨大的影响，并且加速了商业模式的变革。随着这些技术和服务的飞速发展，传统的商业模式逐渐落后于时代，给新型商业模式的发展增加了可能。

如前所述，商业模式具有重整业界的巨大力量，也就意味着新的商业模式对业界巨头来说是威胁，对草根创业者来说却是巨大的机会。

前面多次提到，商业模式是一种机制，它与同为机制的信息通信技术具有极强的相容性，而信息通信技术与市场定位的相容性并不高。很多专业人士认为，虽说传统战略论是靠信息通信技术支撑的，但具体怎么支撑好谁也不知道。与传统战略论不同，商业模式是一种机制，是结构和推动力的结合体。推动力与信息通信技术的相容性相当强。

当今社会，信息通信技术正在发生巨大的转变。由于计算机、数据存储等处理速度的加快及容量的增加，信息通信成本降低，再加上网络的普及及速度加快、无线通信的速度加快及价格降低、传感技术的发展、数据挖掘技术的发展等，信息通信技术正在经历巨大的变革。传统的商业模式随之不再适用，催生出新型商业模式的可能性大大增加。以前，如果事务所通过综合业务数字网进行数字连接，业务流程重组的可能性就会大大增加。与此相似，如果公司内部系统通过网络与顾客和公司外部系统相连，所有的空间都会通过无线通信技术链接起来，顾客、项目、经营资源的进入途径等，这些存在于公司外部的流程也能通过公司内部的信息通信技术来控制了。是否利用这种信息通信技术，对企业会产生很大的影响。

商业模式与物联网、大数据、机器人技术的关系

近年来，数字市场拓展、物联网、大数据等对商业模式的影响巨大。

所谓数字市场拓展，指的是利用无线通信等网络空间，或者说是利用线上线下结合的形式建立顾客流入的渠道以及与顾客交流的渠道。我们可以将"第2章获取客户""第3章留住客户"这种应用了信息通信技术的部分看作数字市场拓展。在这个意义上，可以将强调信息通信技术利用的商业模式作为一个商业模式群来考察。

相较于数字市场拓展，物联网、大数据等类似于专业术语的东西，不能算作机制。这些东西，作为独立的个体本身没有什么意义，只有在为商业模式服务时，它们才能发挥作用。

物联网，即物体组成的互联网，也就是说不通过人的介入，物与物之间可以相互联系。在商业模式上，物联网有两种利用方法。第一种，在本书后面也会提到，将商品的通信功能"商业模式 15 **产品信息反馈**"，利用到商品的维修保养、使用，易耗品的出售，产品设计的考究上来。第二种，利用物联网弄清楚与商品相关的供需方信息，从而对供应链产生影响，使生产设备等**资源的动态分配**（参考商业模式 9）成为可能。

大数据以及获取、分析大数据技术的发展，催生出新的良性循环，使在竞争中获得优势成为可能。通过分析数据进行预测，数据越多预测的精准度越高，把精准度高的结果利用好，就能招徕更多的顾客。更多的顾客即更多的数据，这便是一个良性循环。只要用好这个良性循环，在竞争中自然可以获得优势。

进一步说，不仅信息通信技术的变化给商业模式的变革带来可能，机器人等技术、物流服务等外部机制的巨大变化也给商业模式变革带来了可能。因此，供给方改革、与顾客对接的方法等也在加速变化。另外，金融技术也在推动商业模式变革。银行卡的出现使支付方式变得多样，最近将金融技术和通信相结合的金融科技也备受瞩目。

企业必须要对上述这些改变做出应对。换个角度来看，商业模式的改变，使企业通过业界竞争复位的机会增加了。普乐士文具的爱速客乐利用网上订货和送货上门的方式，改变了传统的订货和供应链的存在形式，成功逆袭了日本文具产业龙头企业国誉文具。在一个变幻莫测的大环境下，企业家需要提高对商业模式的敏感度，要及时感受到这些外部环境的变化，将其运用到商业竞争中。

本书所介绍的"机制"的种类

分解模块，机制逐渐清晰

我们之前反复提到，商业模式是一种机制，其目的是要在竞争中取胜。那么，能够带来竞争优势的具体机制在一项经营活动的哪个环节呢，它又是如何发挥作用的？如果说机制有很多种，那么将其种类和功能固定到某一特定的种类来具体分析，就是我们考察机制的第一步。如果我们知道机制所存在的具体环节，就可以具体来考察这种机制，如果能将这种机制收集分类，弄懂吃透，便可以将其运用于其他的领域。

首先，使一项工作运转的机制可以分为多个模块来考察、理解。其理由如下，第一，如果将机制分解为资源、商业进程等不能称作机制的构成要素，就很难考察机制是如何运转、如何发挥作用的；第二，从构造上来讲，模块内部结合得十分紧密，模块与外部的结合相对较疏，因此，可以以模块为单位单独进行考察；第三，每个模块都有其存在的意义，它们存在的意义是将在竞争中取胜这个大的目的分解，变成一个个小的、容易把握的目的，从这种现实的目的出发去构建机制使得问题更容易把握。这种被分解的目的具有普遍性，所以就算信息通信技术等技术层面的东西日新月异,我们也可以通过把握这些分解后的目的来把握机制整体。

要改装一辆汽车,我们会将其拆成一个个模块来理解,这种分析方法与之类似。汽车由传动系统、制动系统等模块构成,各模块内部密不可分,各模块之间可以在一定程度上转换。当然,汽车是一个整体,要去考虑各模块的一致性,要改造汽车的人,还是必须要理解汽车的模块构造。

将机制分解成一个个的模块来理解会比将其分解为机制以外的要素来理解要深入得多。

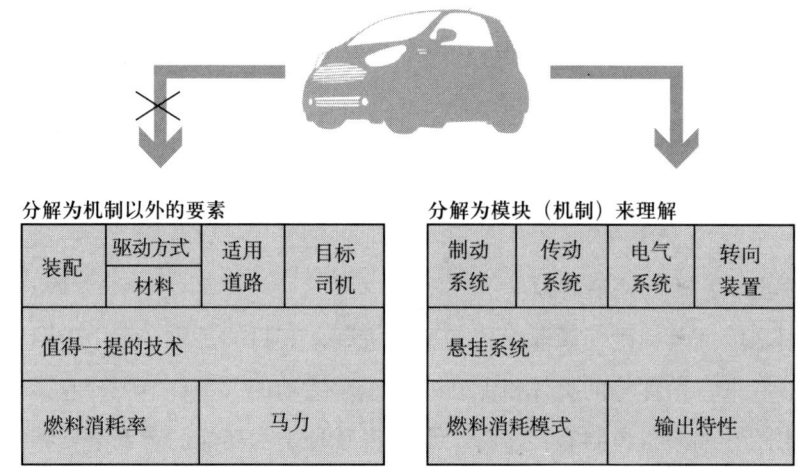

图 1-5　商业模式的理解

业务内部模块

将业务的要素分解成模块,大致可分为"业务内部模块""贯穿业务整体的机制、流程""业务间的机制"。本书的第二部分和第三部分,就是根据这个分类,配以案例进行详细说明的。所以这里只讲个大概,详细内容留待第二、三部分讲。

我们将业务内部模块分为两个来理解,一个是业务的对象"市场"的定义,另一个是顾客和价值主张这两个市场要素,为了在市场上吸引顾客及实现商品的价值,就有了"获取、维持顾客的机制"和"价值主张机制"这两个机制。

首先是业务的对象——"市场"的定义,在第 1 章目标市场的定义进行讲解。所谓市场,就是指"向谁""卖什么",也就是顾客和价值主张这两个要素。定义的方法不同,"获取、维持顾客的机制"和"价值主张机制"也就不同,因此,我们有必要吃透商业模式整体的出发点目标市场的定义。

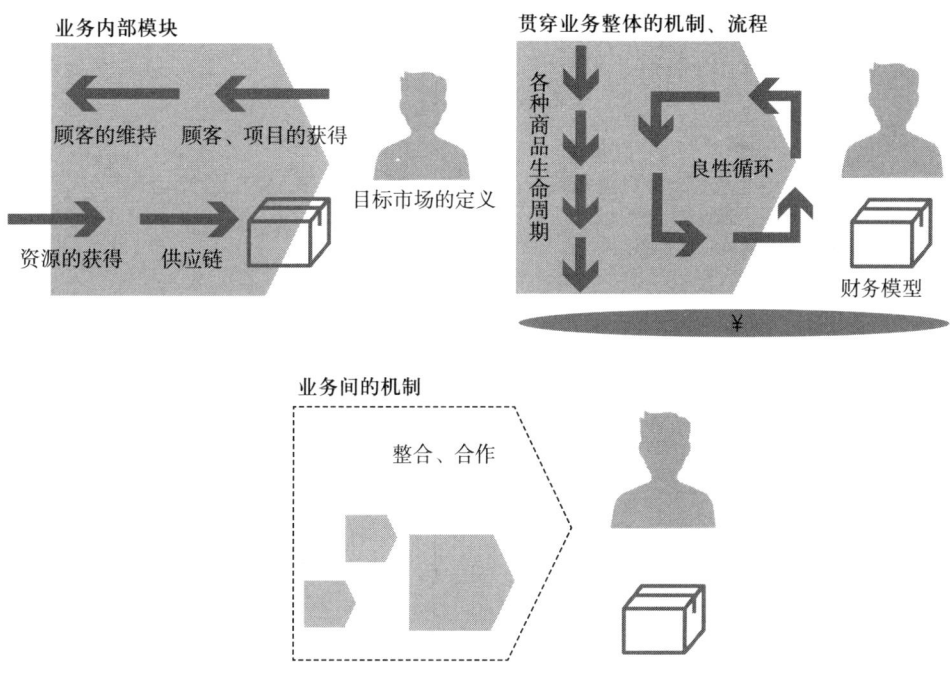

图 1-6　机制的种类

"获取、维持顾客的机制"是指在目标市场获得顾客的机制,本书将其分为**获取客户的机制**和**留住客户的机制**两个章节进行说明。将目标市场定义为客户,没有客户就做不成生意,所以获取客户是必要的,同时,留住客户可以在与同行竞争中获得更大的利润。

"价值主张机制"指为实现目标市场内价值主张的机制,本书将其分为**供应链**和**资源的获取**这两章进行考察。供应链是价值主张的重要组成部分,好的供应链可以提供优质的商品,而资源是投入供应链的材料,好的资源同样带来优质商品。

市场由顾客和价值主张两大要素构成，商家与顾客的关系、获取客户、留住客户、与价值主张有关的供应链和资源的获得等结构要素，对于我们后面要提到的资源整合、合并、合作都是非常重要的，所以请大家务必好好理解这些要素。

业务内部模块	市场	第1章 目标市场的定义 ·商业服务 ·从高端产品、低端产品入手	贯穿业务整体的机制、流程	第6章 良性循环 ·聚合 ·专家 ·专业企业
	获取客户、留住客户的机制	第2章 获取客户 ·从其他业务渠道获取客户 ·使用外部数据 ·多层次营销		第7章 生命周期 ·产品信息反馈 ·多窗口
		第3章 留住客户 ·建立客户社区 ·用贷款等金融手段留住客户		第8章 财务模型 ·定额制
	价值主张机制	第4章 供应链 ·生产销售一体化 ·资源的动态分配	业务间的机制	第9章 合作 ·经销权 ·企业集团
		第5章 资源的获取 ·专业服务公司 ·企业风险投资		第10章 合并 ·生产与销售分离的收购整合

图1-7　本书第二~四部分的结构

贯穿业务整体的机制、流程

与业务内部的模块不同，将这些模块联系起来的机制或者说流程有三个。这三种机制虽然性质各异，但是贯穿于各个模块之间的流程是共通的。

首先，"第6章良性循环"。通过业务内外部各要素之间良性循环的联动机制，使顾客滚雪球似的增多，其他公司无法模仿。

其次，"第7章生命周期"。通过利用商品不同的使用寿命，将商业模式的其他要素与之联系起来，使工作更有效率地运转。良性循环与生命周期可以说是为了在竞争中保持优势的机制。很多商业模式的研究者不把这两者作为独立要素来考察，但是我认为这两个要素是产生并保持竞争优势的重要推动力，在考虑商业模式上是必不可少的。

最后，"第 8 章财务模型"。财务模型又可以分为三种，第一种是关于收入的**收入模型**，第二种是关于前面第二部分第 2 章到第 5 章所述机制所产生的成本的**成本模型**，第三种是将上述这些都整合起来的创造利益的机制**全体财务模型**。为什么说财务模型会为你在竞争中创造优势呢？因为你可以通过财务模型使自己的价格比竞争对手低，或者说你的价格更能让顾客接受。综上，财务模型既是在竞争中取得优势的模型，也是获利的重要手段。

业务间的机制

业务与业务之间也存在机制。通过将多个业务整合，能够创造出单独业务所没有的竞争优势。业务间的机制有第四部分"第 9 章合作"和第四部分"第 10 章合并"这两种机制。因为通过合作、合并可以将自己的市场拓展得比竞争对手大，可以依靠与竞争对手不同的业务结构来更好地服务顾客，还可以与比竞争对手更强的企业合作，从而获得优势。

第二部分、第三部分阅读指南

在第二部分和第三部分中，首先会以几个典型的商业模式为例进行详细介绍，之后再将这类商业模式进行一般性说明，最后列举该种模式的典型商业模式，加以简单地解说。

这两部分所列举的商业模式是不随时间变化而改变的，不过随着信息通信技术、物流、金融等的变化会出现一些新的商业模式。

各位读者在构建自己公司的商业模式的时候，不要只看书中提到的代表性的商业模式，解说页里还为大家介绍了典型的商业模式案例，请务必参考。

业务内部模块篇
BUSINESS MODEL

第二部分　商业模式分论①

业务的内部模块，是指业务本身的机制。

在一项业务的内部竞争中，首先要考虑的是在某一特定行业中的顾客和价值主张，也就是我们第 1 章会讲到的"目标市场的定义"。这里的定义，不仅仅包含传统战略论中的部分（将整体分割之后的部分），它还包含"是作为物品来卖，还是作为手段来卖"这一性质上的问题（从某种定义来讲是如何销售的，从另一种定义来讲又如何销售的）。也就是说，这里所讲的定义，是接近于"销售方法的定义的"。业务内部的竞争，首先在目标市场之间出现，其次在市场内部出现。顾客首先会考虑销售方法好的商家，再从这些商家中挑选自己满意的商品。

在目标市场内部的竞争中，我们把一项业务看作一个生命体时，能动性强的生命体胜算大。在商业领域，重要的能动性就在于目标市场的两大构成要素，即在顾客和价值主张的关系中存在的以下两种基本能力。正如生命细胞组织是为了支持生命体活动而存在一样，业务的机制也是为了支持这两项能力而存在。

第一种是与顾客接触，吸引顾客选择自己，购买自己的商品的能力。本书将其分为"第 2 章获取客户"和"第 3 章留住客户"来讲述。正如市场的获取和维护是有区别的一样，顾客的获取和维持也是有区别的，所以我们将其分开来考察。

第二种是创造价值主张的能力，本书将此分为创造价值主张的"第 4 章供应链"和向供应链输送资源的能力的"第 5 章资源的获取"来讲解。

第1章

目标市场定义

商业模式 1　商业服务

● 佳能、得斯清、罗尔斯·罗伊斯、普利司通等

模式概要与示例

"商业服务"这种商业模式主要是指制造业公司将其重点从销售产品转向提供产品功能的服务,这样既能降低顾客的购买价格,又能从同行间的价格战中跳脱出来,从而提高收益。商业服务的重点在服务,强调的是将传统的产品作为一项服务来销售。

富士施乐、理光、佳能等复印机行业,可以说是商业服务模式发展最快的行业,当今的复印行业卖的不是复印机,而是将复印机借给代理店,根据其复印的张数来收取报酬,公司提供的是复印机的功能。这种商业模式,将留住客户这一步骤交给代理店去做,公司便不用再考虑如何留住客户。得斯清也是利用商业服务商业模式的典型。得斯清卖的不是拖把等清洁器具,而是借出拖把,将使用后的拖把回收、清洗干净之后再次提供给客户。这样不仅延长了拖把的使用寿命,而且让顾客能经常用到干净的拖把。以上这些,都是比较经典的使用该模式的案例。

最近商业服务被广泛应用于各行各业。近几年应用最广泛的领域是信息通信技术领域，信息通信技术领域的企业以前出售的是硬件和软件，现在逐渐转向提供服务。通过网络提供的服务器和存储器等硬件功能的服务，称为基础设施即服务（Infrastruture as a Service, IaaS），除此之外，还提供操作系统和数据库等基本软件的服务，称为平台即服务（Platform as a Service, PaaS），通过网络进行程序提供的服务，称为软件即服务（Software as a Service, SaaS），这些服务统称为云服务（云指网络、互联网）。IaaS 和 PaaS 做得比较好的公司有：亚马逊、Salesforce、谷歌、微软等，很多软件公司现在在做 SaaS。使用 IaaS 和 PaaS 的顾客可以灵活改变服务器和数据库的容量，容量不同，收费不同。SaaS 也根据用户数量、使用时间、数据数量进行收费。

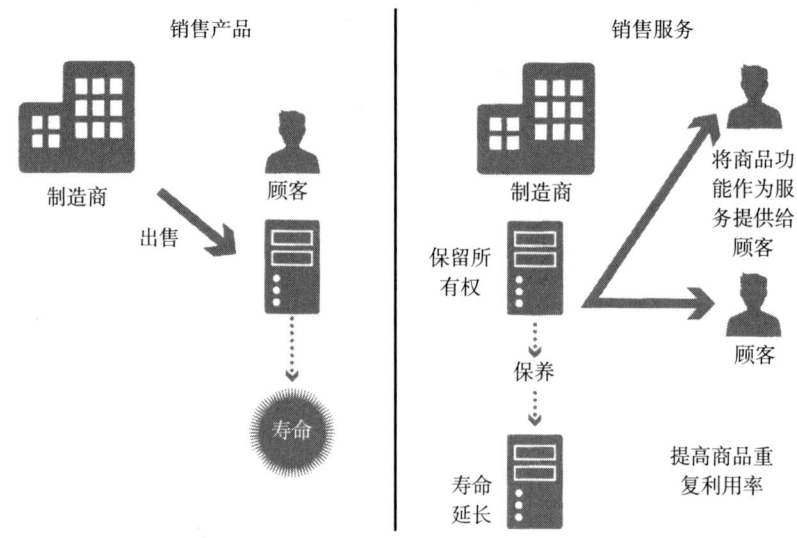

图 2-1　商业服务（概念图）

信息通信技术领域以外的使用商业服务模式较成功的案例有，普利司通的轮胎翻新业务。普利司通的"生态超值套装"服务如下：普利司通保留轮胎的所有权，在考察客户所在单位的运行模式之后，为其提供最合适频率的轮胎翻新服务（将接触地面那一侧的橡胶换成新的），从而延长了轮胎的使用寿命，减少了顾客的轮胎使用成本，同时，不再参与同行间的价格战，成功获得大量客户。

飞机制造公司罗尔斯·罗伊斯（又译劳斯莱斯）兼并布里斯托尔公司后，沿用了布里斯托尔公司的"按小时付费"服务。该服务把本公司产的完好无损的引擎提供给客户使用，根据使用时间收费，还可根据顾客需要换成其他功率的引擎。现在，罗尔斯·罗伊斯的竞争对手通用公司和普拉特·惠特尼公司也提供同样的服务。

另外，在"商业模式 17 **定额制**"中介绍的美尼康公司同样提供类似的服务，每个月缴纳一定的费用，隐形眼镜镜片破损或者眼睛度数有变化都可以去换镜片。他们提供的是隐形眼镜的机能服务，而不是单卖产品。

价值创造过程

商业服务模式提供的不再是产品，而是把产品的功能作为一项服务来销售。如此一来，保养得好的半新品也能用，同一商品可以在多个顾客之间流通使用。这样可以最大限度地减少商品的闲置时间，提高商品利用率。而且，商品的保养由精通本商品制造的厂家来做，可以延长商品使用寿命。综合考虑这些因素，每位顾客使用这件商品的成本就会降低，便可以吸引更多的顾客。而基于商品价值的商业模式的定价系统也与基于商品的竞争对手的定价系统不同，所以这样可以从与同行的价格竞争中跳脱出来。这种基于价值的定价（Value Based Pricing, VBP）更具收益性。

在商业服务模式下，并非商品卖出去商业过程就结束了，由于持续向顾客提供服务，卖家可以与顾客保持长久的联系。顾客有讨厌将商品和服务混在一起的倾向，所以一旦作为服务销售成功，就有满足顾客所有需要的可能性。并且还可以避免一些由于产品寿命到期需更新产品时顾客选用其他公司产品的风险。

这种模式下，顾客可以自己决定使用期限，灵活更改使用量，而且有些顾客在购买之前不知道自己使用多久，购买后可以灵活变更（使用量）也是一大优点，所以会更倾向于选择该模式。对商家来说，这样可以增加客户，更易吸引初次使用该模式的顾客，扩大客户范围。

在这种模式下，价格是根据服务来定的，从顾客角度来说，购买这样一项服务，不是作为一种固定资产而是作为当期服务费用来进行结算、处理，在资产没有增加的情况下，可变费用增加，提高了资产效益。并且如果直接购买这项商品，难免被缠着买需要之外的量及附加商品，只购买服务，便可以省去这种烦恼。

从商家角度来看，可以提供商品、商品保养等成套服务，那么商家的收入就不仅限于卖掉这个商品本身。并且由于是商家自己保养，商品使用寿命增加，又能增加许多无形的收入。

适合使用这种模式的企业

这种商业模式主要是将出售商品变更为出售服务，主要适用于制造业和商品分销业。但是，当今社会，很多非制造业和商品分销业的公司也倾向于直接出售服务，比如Salesforce和谷歌等信息技术领域的公司一开始就是提供云服务的。也有很多公司从创办之初就开始提供服务，而没有从提供商品到提供服务的转变过程。

为何可以保持优势

之前我们提到，变提供商品为提供服务对顾客来说有很多好处。而且一旦对顾客提供的是服务而不是商品，顾客就不会再去了解保养该商品的相关知识，也就不可能再去买该商品，即顾客一旦使用了这个服务，就会一直采用购买服务而非购买商品的方式，自然也就再也不会去买同行业竞争对手的商品，因此，采用该模式可以保持优势。

另外，提供服务，对顾客的了解会增多，像购买商品那样顾客频繁更换商家的情况不容易发生。为了更好地提供服务，你需要去了解顾客的相关信息（比如，普利司通会去了解顾客的运行模式），大多数顾客不太愿意将自己的这些信息告诉太多公司，这样客户就不容易流失。又如，信息通信技术的云服务，需要存储大量的用户数据，由于顾客也不太愿意将自己的这些信息泄露给太多公司，这样做可以大大降低客户流失率。

注意

由出售商品变为出售服务，那么之前出售商品一次性所收取的费用变成每服务一次从顾客那里收取一定费用，只看眼前的话，盈利是会减少一些。

因此，靠营业额吃饭的销售人员比较倾向于直接销售商品。制造业领域的巨头国际商业机器公司（IBM）和惠普，它们的商业服务模式在公司内并不占据支配地位，也是因为考虑到了这一点。我认为，如果采用提供服务这种商业模式，公司内部的评价体系应该由根据营业额评定改为根据使用这项服务的数量来评定。

出售服务，可不像出售商品那样卖出去就完事了。为了长期留住这些客户，需要在企业内部建立起每个顾客的信息管理制度，企业文化也应渐渐从以商品为中心转变为以顾客为中心。

最后提醒大家一点，如果这件商品在行业内已经有非常成熟的销售渠道，你可能很难打败它。

与之类似的商业模式

后文将会提到的**出租化**模式与商业服务模式类似。短期出租与长期租赁不同，租借的时间是自由的，使用者不用对其进行维修保养，利用率越高就赚得越多，这些都与商业服务模式非常相似。

本书里的很多解说也适用于出租。如，仙台铭板主要经营安全设备业，以前主要出售道路施工过程中需要用到的圆锥形的振动板和警示牌，现在把这些改为出租，大大提高了业绩，仙台铭板也得以成长为行业巨头。

补充

该模式的重点在价值主张，出售的对象发生改变，也可以说它是对市场的再定义，从这个意义上讲，它与传统战略论不同。在这种模式下，传统的"商品销售"成为"替代品"。不过，实际上它又只是如何出售商品的销售方法问题，所以仍然属于商业模式，即"机制"。

这种模式将商品价值作为服务提供给顾客。除了商品价值之外，商品的使用方法、商品的维修保养、商品外包等也都可以作为服务被出售，这些统称为服务化。

价值主张的服务化属于目标市场定义的范畴，不过，通过这种模式，商家与顾客从一次性的买卖关系变成了长久的关系，有利于留住顾客，所以大家在看这一部分的时候，最好与后面的"留住顾客"部分相对照来看。

小结

模式概要

- 由出售商品转变为出售服务。
- 由厂商进行商品保养，商品使用寿命延长，顾客使用效率提高，因此，顾客对产品功能的支付金额减少。
- 顾客使用商品的风险降低，商品不再闲置在仓库，顾客省去被推销购买附加商品的烦恼。

效果

- （多数情况下）满足顾客的全部需求。
- 不再参与销售商品时的价格战。
- 不仅卖出了产品，还赢得了许多客户。
- 能够很好地把握顾客的使用状况，顾客不会轻易流失。
- 这种模式下顾客不易辨别商品原价，便可以自由定价，增加收益。

其他注意点

- 与直接出售商品相比，短时期内营业额会出现一定程度的下滑，所以要在员工的动力和客户关系上下功夫。
- 注意不要与有固定销售渠道的厂家竞争。
- 需要与客户保持联系。

> **学习要点**
>
> - 因为是提供价值的变更，看起来可能属于传统战略论范畴，但是商品本身没有变化，商业服务可以被看作一个销售方法（＝商业模式）。
> - 虽说可以与顾客构建长期关系，但是这样一来也要花心思去进行客户管理了。

商业模式 2　从高端产品、低端产品入手

● 倍乐生、柯尔特、可尔姿健身等

模式概要与示例

当准备打入新市场时，从哪里入手最好？我觉得有两种方法，即从这个市场的高端产品（最高级产品）或低端产品（最低级产品）入手。无论是什么市场都存在高级产品和低级产品（普通产品），这中间有一个层级，我们选择从高端产品或低端产品入手。

我们可以从高端产品入手，即一开始从最高级商品打入市场，然后再慢慢向低端商品扩展。例如，倍乐生的前身福武书店从20世纪50年代开始进军模考市场，当时的日本模考市场基本由旺文社模考这个巨头所垄断，福武书店的进研模考为了与旺文社模考抢夺市场，将目标锁定在30所超一流高校，之后再慢慢将市场扩大到一般高校。这样，福武书店慢慢占据了整个模考市场，到最后旺文社模考招不到学生，自动退出了模考市场。再如，柯尔特公司（Colt）起步时，日本电信公司（NTT）在通信领域占支配性地位，所以柯尔特最初将目标市场定在金融业，为其提供高品质的网络服务，在高端市场站稳脚跟之后，再将市场逐步扩大到一般企业。

另一种模式从市场的最低端产品（普通产品）入手，慢慢扩大到中级、高级产品。这种情况下，为了对抗市场上已有的商品，通常从提供比市场最低端的商品或服务更加低端的商品或服务入手，打入市场。以前，日本企业就是从美国市场的最底部入手，慢慢打入美国的中高端市场。同样，这是新兴国家的企业打入发达国家市场常用的模式。一开始以本国的低成本生产力为武器，打入发达国家低端市场，再慢慢发展到中高端市场。不是新兴国家的例子也有，

如日本会计软件公司 Freee 在竞争相当激烈的企业资源计划行业中，采取的就是从最低端的个体户和刚刚起步的企业入手的模式。

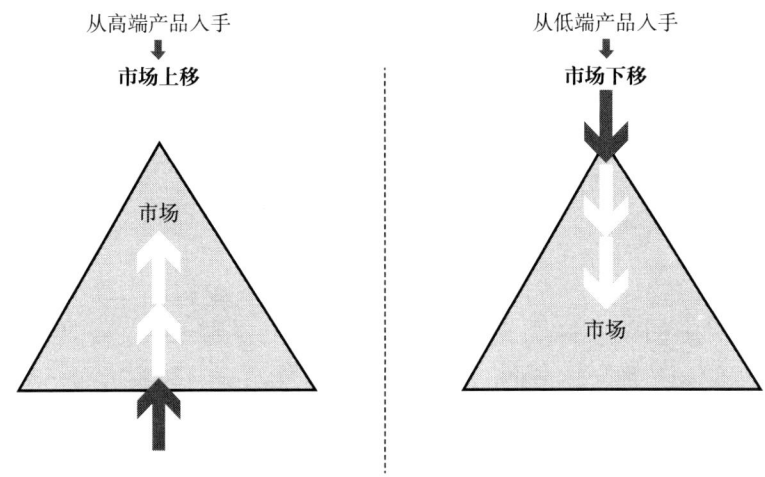

图 2-2　从高端产品、低端产品入手（概念图）

价值创造过程

为什么从高端产品入手会更容易打入市场呢？因为在高端市场，并非规模越大越好，市场中原有的巨头发挥不了优势。第一，高端市场所面向的对象本来就很少，越是低端产品，面向的消费人群越大。所以高端产品市场规模并不大。行业巨头虽然有大规模生产的能力，但是能消费高端产品的人群就那么多，没必要大规模生产。因此，新入行的企业虽不具备那么大的规模，但在高端产品领域也足以与行业巨头抗衡。第二，高端产品市场具有多样性。即便只是一个很小的市场，消费高端产品的富裕阶层从不会去考虑价格，他们更多的是追求个性，是与别人不同，这就使高端产品市场越分越细，在这样具有多样化的高端产品市场里，并不全是行业巨头。第三，高端产品市场的受众其实很小，即便一件商品可以卖出很高的价格，但是对于从最高级产品到最低级产品都经营的行业巨头来说,在高端产品上的盈利对它总的营业额是微不足道的。所以,即使有小企业来跟它抢占高端产品市场,它也不会太放在心上,花太多心思去与只做这一小块的小企业竞争。

从高端产品入手还有一个好处,可以建立一个高端产品品牌。这种品牌效应,是你在市场下移过程中的重要武器。不过有一点要注意,在你将市场逐渐向中低端下移的过程中,品牌效应可能会有一定的损坏。另外,虽说做高端产品市场与企业规模无关,不过在雇佣等方面还是要与行业巨头抢资源,这可能也需要一定的资金。

相反,从低端产品入手,对企业来说,有如下好处。第一,如果是低端产品,顾客更倾向于去看它的价格,而忽视其品质和功能,购买低端产品的顾客,最主要看的还是价格。所以,即便我的生产技术和产品质量比不上现在行业中的巨头企业,只要我的价格低,我就可以参与竞争。第二,一般来说,越是低端产品,市场越大。从低端产品入手,可以很快地积累起一部分市场规模,只要有了一定的规模,就可以积累生产商品和提供服务的经验,更进一步获得成本和技术优势。第三,低端市场对价格很敏感,大企业有的是钱,投入高成本、质量好的产品,成本高、定价也高,所以新兴企业定价低就能获得很大的优势。

新兴企业一旦成功打入低端产品市场,随着其规模不断壮大,在生产成本上会积累优势,在产品、服务上也会积累经验,这样一来,商品品质就会更上一层楼,就有了向中高端市场拓展的可能。另外,一旦把市场从行业巨头那儿抢过来了,原先的行业巨头规模就会慢慢缩小,就生产不出一定数量的商品,经验会越来越少,而不得不向其他企业让出市场。新兴企业进入良性循环,原来的行业巨头陷入恶性循环。

如何让自己的定价比行业巨头的定价低,有很多种方法。比如,像新兴国家的企业那样雇佣更加廉价的劳动力,或者像航空业的廉价航空、美发业的QB House那样省去对顾客来说不必要的环节,提高设备利用率,这些都可以降低成本,从而降低价格。

注意

特别是从低端产品入手打入市场,很容易被原本就在这行业的企业模仿并反击。对于原本就在这个行业的企业来说,只要不是特别低的价格,或者有什么特别新的技术,你的模式是很容易被模仿的。而且如果他们怕这么做毁了自己的招牌的话,可以换个名字跟你竞争。所以,对于从低端产品市场入手的企业来说,要在被传统企业反击之前,就快速地全面占领这个商品市场。可尔姿健身将服务进行分类定价(参考后文案例)从而吸引大量客户,从低端产品入手打入健身房领域,短短五年之内在日本开了1000家店,迅速占领健身房市场。

我们将视角转换一下,站在原本的行业巨头的角度来看,如果你被新的企业抢占了低端产品市场,你会不会反击呢?答案是会反击。因为如果你一直不反击,新的企业会抢占更多的资源,其规模会越来越大,这样你可能彻底失去在这个行业的地位。所以,原有企业一定会反击。原有企业为了防止被新兴企业抢占市场也有一定的办法。比如,形成产品金字塔(参考后文示例),将产品分级,在低端市场也适当投放一些产品。当然,也要为其投入一定的经济成本。

补充

市场的高低端产品属于市场定位的范畴,是传统战略论讨论的问题。像这样市场的移动问题不是可以在多个企业内被反复使用的,而是一次性的,所以究竟能不能将其称为商业模式还存在疑问。但从上移、下移这种流动性来看,它毫无疑问是属于商业模式范畴的。

在业务起步时期,即常说的摇篮期,是最容易夭折的。只要熬过这个时期,就会有更强的抵抗力和更多的策略,之后就好办了。该模式对于帮助企业在业务初期存活具建设性意义,所以本书将其作为商业模式在这里提出。

小结

模式概要

- 从高端产品或低端产品入手较易打入新的市场，打开市场之后再逐渐将市场上移或下移。
- 高端产品受众小，中小企业也可以加入，高端产品市场具有多样性，较易进入。
- 低端产品市场，即便技术没那么过硬也可以以低价取胜。

效果

- 较易度过夭折率高的起步期。
- 如果从高端产品打入市场，可以借助其品牌影响力实现市场下移。
- 如果从低端产品打入市场，可以逐步扩大企业规模、积累经验，从而实现市场上升。原本占据支配地位的巨头企业会因陷入恶性循环而自动退出市场。

其他注意点

- 缝隙领域虽然容易进入，但因与市场其他部分没有连续性，很难扩大规模。在这样的领域，原有的品牌很具影响力。

学习要点

- 这一模式不可以反复使用，是一个移动性的市场定位问题。但是，由于它是一种模式化的东西，本书还是将其作为一种商业模式来考察。
- 在这种模式下，占领整个市场需要一定的过程，从过程这个意义上来讲，与故事论有共通之处（商业模式论只讨论可以被模型化的东西）。

构建商业模式的重点：目标市场定义

定义目标市场以及由此产生的效果

所谓目标市场的定义，就是决定我的这项业务要在哪个市场内开展。市场由顾客和价值主张构成，所以如果要重新去界定目标市场，就有对顾客进行重新定义和对提供价值进行重新定义两种情况。这两种东西虽然从概念上看是不同的，但是细想一下，顾客评价价值主张之后再开始交易，所以这两者任何一方改变，另一方也会随之改变，两者又是密不可分的。

用与传统的行业标准和竞争对手不同的方式去对目标市场进行再定义，就能够从既存的竞争关系中跳脱出来。将顾客再定义，商品的购买者完全换了一批人，自然就从原有的竞争中跳脱出来了；将提供价值再定义，顾客意识到自己在买一个与之前不同的东西，自然也就不会将你的产品去与别家之前的产品做比较。从这个意义上来讲，通过对目标市场的再定义，可以对现有的竞争关系进行重新设定。普乐士文具的爱速客乐将目标顾客群体定位在中小型事务所，利用网上订货和送货上门的方式，提高了速度和便捷性，成功逆袭了文具产业龙头企业国誉文具。格力高将目标群体锁定在办公室白领，让白领们在工作疲劳的时候随时可以入手一份点心，这种将销售地点搬到办公室的方式是对传统竞争方式的再定义。

一旦目标市场的定义发生改变，吸引顾客的机制和价值主张机制也会相应地改变，在这样一个新环境里，新的商业模式为你带来竞争优势的可能性就会增加。例如，如果将目标市场由出售商品变为出售商品的使用权，那么为了提供这种使用权，就要有人力、物力以及相应的知识，有了这些就能够抢先获得经营资源和"商业模式3专家"（参考第三部分第6章），进入一个良性循环，就会从之前的恶性竞争中跳脱出来，使业务得以顺利推进。

在现有市场发展成熟、市场内的排位很难改变的情况下，目标市场再定义的商业模式非常适用于在市场中排位靠后或新加入市场的新手。对于行业巨头来说，从先发制人的角度出发，也有必要尝试一下这种商业模式。

这里需要提醒大家的是，目标市场的定义有多种，每种都性质各异。

首先，市场由很多部分组成，顾客和价值主张也是如此。这些部分是可以选择的，即便将 A 部分的定义照搬到 B 部分去，B 部分也不可能掠夺 A 部分的市场。传统战略论中所谓的定位，就是指部分。"部分"是商业模式与战略论的共通点，也是连接点。

其次，这是向代替性销售方法转变的一种定义的变更。比如，从出售商品到出租商品，价值主张发生了变化。虽然顾客和价值主张都发生了一定的变化，但主要还是价值主张方面出现了变化。在这种情况下，出租成为销售的一种代替手段，从商品销售市场掠夺了顾客资源。这是同一种商品的不同销售方式的问题，这种目标市场定义的转换，是最符合商业模式特征的。

最后，这种变更通过延长商品使用寿命，将目标市场的定义扩大。原本从事商品销售工作的从业者，将业务扩展到商品保养和商品使用。在这种情况下，虽然商品本身没有扩大，也没有采取代替性的销售方法，但是市场变了，所以也是市场的变更。

商业模式示例（顾客再定义角度）

1. 顾客再定义：将顾客概念向交易相关者扩展的模式

如何定义顾客很难，是将享受了这项商品所提供的服务的人称为顾客，还是将付了钱的人称为顾客，又或者是将决定购买的人称为顾客呢？这是个问题。但是，如果我把这些对象都分开，把其中一部分注意力转移到现有顾客周围的人或企业上去，就能改变迄今为止的竞争关系，逃离直接的竞争关系。例如，日本两大美食网站 Tabelog 和 Gnavi 看起来提供的类似的服务，但是它们对顾客的定义不同，这种不同在价值主张上也能体现出来。Tabelog 主要是帮助有需要的人找到合适的店，收入主要从广告中来，而 Gnavi 主要是为餐厅提供促销活动。

这种不同导致顾客评价这两种模式的标准不同，两者的收入模式也不同，两者并非你死我活的关系。在补习班和养老院，是将接受补习服务的小孩和养老服务的老人看作顾客，还是将监护人看作顾客？信息技术系统集成商是将客户企业的信息技术部门看作客户，还是将用户部门看作客户，又或是将企业的经营者看作客户……这些对客户定义的不同造成市场定义的不同，从而回避了直接竞争关系。

2. 进入个人/企业市场

将向企业提供的服务提供给个人、向个人提供的服务提供给企业，这样一来，竞争压力会小很多。

无论是将卖给企业的东西卖给个人，还是将卖给个人的东西卖给企业，这两者都行得通。不过，多数情况下还是将卖给企业的东西开发一个简易版卖给个人更易成功。例如，理想科学工业有限公司将向公司出售的誊写印刷机改造成面向个人的小型印刷机，大获成功；大金公司将商业用的箱式空调改装成个人用的挂壁式空调，也收获了良好效果。这种改造，其实形成了一种产品金字塔，同一金字塔内的商品设计和零部件都是相通的，这样一来也活用了公司的资源。

3. 只干赚钱买卖

这种商业模式将目光放在市场中需求密度最大的部分，有效地运营，可以降低成本，自然就会降低价格，低价可以在竞争中获得优势。廉价航空就是只做需求密度最大的部分，提高了飞机座位的利用率，因此价格低廉，容易吸引顾客（具体参照《商业模式·入门篇》）。

4. 区域优势

这是一种选择一个区域集中开展业务（开店）的商业模式。这种商业模式能够使竞争对手无法钻空子，提高在业务展开区域的知名度，并占据市场份额，同时提高配送效率，方便开连锁店铺（具体参照《商业模式·入门篇》）。

5. 全球化

这种商业模式将市场扩展到海外，可以打破业务在当前地域需求停滞的局面，从而扩大规模。同时也能使自己的生产、研究等能力更加适应全球化市场（具体参照《商业模式·入门篇》）。

商业模式示例（价值主张再定义的角度）

1. 服务化

出售商品或产品都是一次性的，卖完就结束了，但是将出售商品转换为出售服务，或者在出售商品时加上一些附加的服务，就可以跟客户保持长期的联系，从而留住客户。与直接出售商品或产品相比，出售服务更加需要商家去了解客户需求，进行客户管理等。

服务有很多种，具体如何将出售商品变为出售服务，请参考图 2-3。这些服务统称服务化。

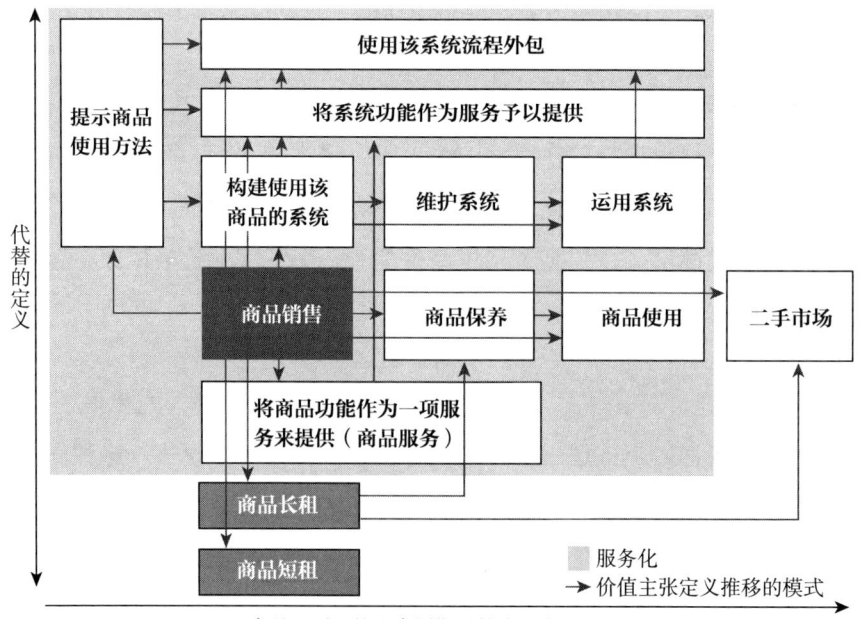

图 2-3 商品销售后价值主张定义推移的模式

2. 将商品功能作为服务来提供

请参考本章**商业服务**。

3. 提示商品使用方法

在这种模式下，价值主张不再是产品本身，而是使用这个产品，帮助客户解决问题。这种情况下虽然出售的是"解决问题"，但商品是用来解决问题的道具，随着问题解决一起被卖给了顾客。商品以外的物品和服务被一起卖给了顾客，价值主张的范围更广，价格就会提高。为了帮客户有效地解决问题，一定要深入了解客户，深入了解客户之后，就能更好地帮助客户解决问题，这是一种良性循环。解决问题变成了价值主张，商品本身的价格就不易被看清，商家便可以基于价值定价。解决方案也有难易之分，根据这个难易程度，也可以对目标市场进行再定义（具体参照《商业模式·入门篇》）。

4. 构建商品使用系统的服务

将传统商品与其他商品组合提供给顾客。如工业上的成套承包（Engineering Procurement Construction, EPC），信息通信技术领域的系统集成（SI）采用的便是这种模式。

5. 进军产品保养、产品使用市场

即本章介绍的**商业服务**模式。在这种模式下，产品的功能不会作为产品出售，而是作为服务被提供给顾客。销售商品后商品的所有权转移到顾客手上，也可以向顾客广泛提供使用和保养商品的服务。厂商拥有商品设计和制造的详细信息，自然就能很好地保养产品，做好了保养，就能将产品的最佳状态提供给多位顾客，而且还能从多位顾客那里得到关于产品性能的反馈。使用和保养都是长期的业务，比起单独销售来说，这样的业务更加稳定和长久。汽车经销商就在售车之余为顾客提供车检等服务，切实地做车辆的保养服务。

6. 提供产品使用流程外包服务

接受顾客委托，帮助顾客实现产品功能的发挥。类似于前面提到的承包运营，这里接受的是流程的委托，这种情况基本是根据这个流程带来的效果好坏来支付费用，所以这个费用不只包含产品本身，还包含使用产品的技巧，包括人工费。这样一来，长期收入增加了，但是相比直接出售商品，一次性的短期收入减少了。

7. 长租化 / 短租化

这种模式将产品、商品以长租或短租的形式提供给顾客。这样，顾客在这个产品上花的钱比购买少得多。对于出租方来说，有以下几点好处：①由自己保留出租物品的所有权，所以也可以与信用相对较低的客户做生意；②能很好地知道出租物品的使用寿命，及时更新；③能自己维修并保养出租的物品；④能切实参与到二手物品买卖当中。

如果是短期出租而非长期租赁，还有以下三个好处：①商品本身的价格变得不再明确，可以基于价值定价；②有少量出租物品可以在年初的时候一次性收取全年度的费用；③可以将保养费用也算到价格中去。

8. 发展与产品相关的金融服务

除出售商品、产品之外，发展相关的金融服务。

贷款：为顾客提供购买本商品的贷款服务。首先，增加了金融机构的收益；其次，顾客如果不按时还贷，就要收回商品，商品还可以作为二手商品出售。有被收回的风险，也会降低顾客不还贷的可能。

保险：对商家来说，增加一个保险，可以在原价的基础上多收点钱。只要商品的耐用性好，这个保险费是不会赔的。

产品、商品转售贷款的结算：发行银行卡，代理店从这里进货，然后再将货转售给顾客，让顾客用这个银行卡还款，定期从这张卡划钱，这样可以减少贷款收不回来的风险。

9. 商品使用环境的再定义

重新定义商品使用环境，可以扩大价值主张的范围。这与出售解决方案的模式类似，但由于这并不是个例，所以把它也当作一种商业模式来考察。例如，罗多纳咖啡的主打口号是"美味咖啡，200日元一杯"，它的定义重点在咖啡上。而星巴克主打的是"The Third Place"（既不是家里也不是工作场所的第三个空间），所以星巴克卖的是喝咖啡的地方，是一个空间，而不再是咖啡这个商品本身。这种对价值主张定义的改变，乍一看没什么区别，但是这样的改变，使资源和商业进程的重要性也发生改变，比起同行，更能激起顾客的购买欲，是一种有效的商业模式。要提醒大家的是，价值主张的再定义要与收入模式区别对待。

10. 分拆／整合

分拆商业模式是指将当前提供的价值分解，让顾客根据自己的需要从中选择需要的服务。这主要是处于行业底层的商家和新打入这个市场的商家采取的商业模式。在行业内占据较多市场份额的公司担心这样做会减少自己的营业额，所以一般不会采取这种商业模式。而你一旦采取，在顾客所需要的服务这一部分上就能占据一定的优势。廉价航空将航空运输服务与机舱内餐饮娱乐服务分开提供就是很好的例子（具体参照《商业模式·入门篇》）。

整合模式正好与之相反，将原本分开销售的商品打包销售。这样与分开销售相比，如果提供一定的折扣，虽然利润率会降低，但是营业额和毛利润会增加。而且这样一来为顾客省去了分别购买的麻烦，会更容易接受。

11. 形成产品金字塔

这种模式是指从低端产品到高端产品的每一个价格段都重点放置一些产品。所有产品都共享一条供应链，这样做可以扩大经营规模，同时也能防止本章之前提到的，新兴公司从低端或高端产品入手打入市场的情况。

如盖璞（GAP）旗下有香蕉共和国、盖璞、老海军等品牌，从低端到高端一应俱全。航空公司基本都提供头等舱、商务舱、经济舱等各种舱位。

12. 系统化销售

将商品组装好一起出售，为顾客省去了组装的麻烦，组装好的商品也可以更好地发挥功能。例如，禧玛诺将自行车变速器与齿轮和缆绳组装好一起出售，顾客使用组装好的产品可以实现轻松变速，禧玛诺通过这个模式获得了很高的市场份额。

这种模式将价值提高了一个档次，便可以基于价值定价，不需要再囿于成本定价。

这里提醒一点，之前提到的**构建商品使用系统的服务**是根据客户的要求为其量身定做的系统，不同于这种将商品组装之后系统出售给顾客的模式。

13. 为顾客提供购买代理

这种模式适合零售业等中间商。这种模式下，将价值主张由为顾客提供商品转变成为顾客提供购买代理。零售商为顾客提供的选择空间较大，顾客倾向于从零售商处购买。金属模具零配件供应商米思米以及京都的茶馆都是这种模式的典型例子（具体参照《商业模式·入门篇》）。

14. 蓝海模式

在传统定义中的市场的周边，将迄今为止没有作为价值出售的部分组合起来提供给新的顾客。这样可以进军新的还未被开拓的市场，且没有竞争对手。这些完全是靠创意取胜的商品，所需要的资金和经营模式都与之前不同，很容易被当作**同质化**（参考本章后文及《商业模式·入门篇》）的对象，所以在一定程度上要选择与现有市场不同供应链的市场。

15. 使用同一技术，打入其他行业

把在自己公司产品中用到的技术应用到其他行业的产品中去，从而打入其他行业。尼康和佳能将相机技术应用到半导体制造装置中；日本写真印刷公司将印刷技术应用到触板中；斯库林集团（SCREEN）将印刷机制造技术运用到半导体制造装置中，这些都是这种商业模式的例子。因为行业不同，技术开发也具有不同的背景，反而为这些企业增加了优势。技术资源是非常难得的资源，不同行业的技术有很大的不同，因此，这种与本行业不同的技术，是一种特殊的资源。

京都的很多长寿企业都将传统工艺技术应用到现代产品之中。做油纸伞起家的日吉屋开始生产灯罩；制造金箔起家的福田金属箔粉工业开始生产用于印刷电路板的电解铜箔。这些都是使用这种模式的典例。

16. 进军二手市场

制造业和零售业适合进军二手市场。制造业拥有详细的制作产品的信息和正规零部件，经其修补后的二手产品能够取得顾客的信赖。二手商品可能会存在外观上看不出来的缺陷，所以一般二手商品卖的比较便宜。但是厂商自己修补过的二手商品基本没什么问题，所以不用把价格卖得那么低，而且回收的时候也可以收费。用有偿回收旧商品这一点可以吸引顾客来买自己公司的商品，这样一来，二手市场的存在，着实提高了新品的价值。大的汽车经销商都回收自己公司出售的二手汽车。

17. 功能对外销售

将自己公司的功能作为服务提供给其他公司。这样，供应链的规模增大，增加了新的收入来源，而且还能在传统市场保持优势地位（具体参照《商业模式·入门篇》）。

18. 副产品、废弃品的市场化

将产品制造过程中产生的副产品或者是废弃品对外销售，或是加工之后再

销售。原本打算废弃的东西其原材料成本可以看作零，所以只要卖出去，价格就等于毛利润。豆腐店卖豆腐渣，精炼石油的厂家出售硫黄和二氧化碳，燃气公司开始经营制冷业务，这些都是典例。

19. 对竞争对手价值主张的再定义（同质化）

行业巨头为了防止竞争对手采取完全不同的市场定义将行业内现有地位重新洗牌，会与竞争对手提出相同的价值主张定义，来对抗竞争对手（具体参照《商业模式·入门篇》）。

第 2 章

获取客户

商业模式 3　从其他业务渠道获取客户

●东日本铁路公司、永旺、NTT Docomo、大塚商会、欧力士、瑞穗实业银行等

模式概要及示例

这种模式主要是：从其他业务获取客户，将在某一项业务（先行业务）上获得的客户注入另一项业务（后续业务），从而提高后续业务的营业额和利润。

例如，东日本铁路公司（JR 东日本），将利用铁路业务的客人成功地注入 Lumine、News Days 等零售百货业以及 Atre 这样的商业街上。永旺发行永旺卡，开展银行卡业务，建立永旺银行，并在每家永旺店铺内都设置窗口，将其主导业务零售业的顾客注入金融业务。瑞穗金融集团将揽客能力最强的瑞穗银行与瑞穗信托银行和瑞穗证券设置在同一个店铺里，促使来店的客户流向信托银行和证券。NTT Docomo 是日本移动通信行业最大的企业，也在积极对用户开发结算、金融、影像视听等服务。

这种商业模式对社会组织同样适用。例如，大塚商会的 Tanomail 网站主要是在网上销售办公用品，这个网站在电视上做了大量宣传，所以吸引了很多顾客，大塚商会将这项业务吸引到的顾客全部注入商会最大的业务"系统集成"

上，促进了整个商会的成长。又如，监察组织在保持中立性的同时对委托人提供监察之外的金融顾问等各种附加服务，从而扩大收益。

我们也可以通过收购具有强大客户基础的业务来获取其客户量。如欧力士收购了面向小型企业的会计软件公司弥生。只要开公司就会用到会计软件，而弥生面向的是小型企业，有强大的客户基础，欧力士将其收购之后，把弥生的客户巧妙引导到欧力士其他的金融和非金融业务上，使自己的公司发展壮大。

图 2-4　从其他业务获取客户（概念图）

价值创造过程

从其他业务获取客户的商业模式主要是使揽客、留客能力强的先行业务的顾客流入收益性强的后续业务。利用其他公司的揽客能力将其顾客引导到自家公司的业务，叫作"鲫鱼法"，因为鲫鱼头部背面有一个长圆形的吸盘，吸附能力强，以此做比喻。

先行业务，主要是日常生活中经常被利用到的业务，对于顾客来说利用门槛比较低。另外，强制性必须利用的业务，揽客能力也很强，可以将其作为先行业务。将使用这些业务的顾客想办法引导到后续业务上，可以获得较大的盈利。前面提到的例子，永旺利用的零售业、JR利用的交通业，都是日常生活中使用率较高的业务。

而后续业务一般是在价值主张上差别性小的业务，也就是说顾客无论在哪里购买都没什么区别的业务，像金融业务这样收益性高的业务，或者服务业这种不是谁都必须消费的业务是比较典型的。

将在揽客能力强的先行业务上获取的顾客信息合理地利用到后续业务中来，可以在同行业中保持竞争优势。例如，从顾客在零售店的购买信息可以推断出顾客最近有什么需求，从而向其提供贷款建议（例：顾客在零售店买了婴儿用品→他家的房子可能不够用了→向他推荐住房贷款）。像这样在先行业务中得到的顾客信息，是同行业竞争者所没有的，只要合理利用这些信息，就能够在竞争中保持优势、获得收益。在这种情况下，不仅仅是顾客在业务间流通，顾客信息这种经营资源也在业务间流通。

甚至，在先行业务上放弃收益性，能够吸引更多的顾客。也就是说，将先行业务的商品价格降低，把吸引到的顾客引导到后续业务上，后续业务有更多的客户，自然能够获取更大的利益。这种情况下，自己公司的收益可以由后续业务来保证，所以在先行业务上来压低价格，但是在先行业务上的同行并不能去压低价格，所以你在先行业务上能以低价吸引到更多的顾客，自然后续业务也就有了更多的顾客。

为何能够保持优势

使用这种商业模式，之所以能保持优势，是因为你的公司与其他公司的业务结构不同。而业务结构、收益结构不是其他公司可以简单模仿的，所以你可以确保优势地位。甚至能够使用上面提到的压低先行业务价格以增加后续业务顾客这种方法的公司，必须是同时拥有这两项业务的公司，业务结构的不同带来的影响很大。

适合使用这种商业模式的企业

这种模式适用于拥有两种以上业务的大型企业。当然，如果你的公司没有同时经营两项业务或这两项业务之间的客户很难相互流通，你也可以像欧力士那样，收购一家有顾客基础的公司，再将其顾客吸引到自己的主打业务上。

注意

经营项目越多的企业越适合采用这种商业模式。但是，一般情况下，经营项目多的企业，各项业务都是独立的，各业务的财会部门也是独立的，每项业务负责人要负责本项目的收益。像之前提到的，通过降低先行业务的收益获得更多的顾客，从而增加后续业务的收益，进而达到总收入提高的目的，这种方法本来是非常好的模式，但是先行业务的负责人恐怕不愿意这么做。这是一个难点。

再就是像永旺和瑞穗银行这样，将后续业务的店铺开在先行业务店铺附近，促使利用先行业务的顾客去利用后续业务。怎样在这两项业务之间实现对接，不引起顾客的反感，让顾客自发地去利用后续业务也是一个难点。

之前提到，一般利用这种模式的情况下，先行业务的收益性低，后续业务的收益性高。但如果分业务来考察收益，很容易让人产生先行业务不盈利的印象，企业负责人可能会想取消先行业务。所以负责人一定要清楚认识到这两项业务之间的关系，以防只看到片面收益而将顾客基础大的先行业务撤销的情况发生。

另外，如果想要通过收购其他公司来获得顾客，也要考虑是否能与被收购的公司提供同等质量的商品或服务，很多公司由于做不到之前那样而吸引不到收购之前那么多的客户，反而得不偿失了。所以在决定收购之前，一定要尽职地调查。

补充

业务间的协同效应，其实是产品和技术上互相补充的关系，很容易被看作是静态的关系，但是业务之间顾客的流动是一个动态的过程。所以希望各位能够好好把握这个动态的过程，以准确判断业务间的这种协同效应。

同一公司经营的业务越多，越有使用这种商业模式的可能。而经营业务多的公司结构相对复杂，也不易被模仿，所以只要把这个模式用好了，一定可以发挥很好的作用。

小结

模式概要

- 将揽客能力强的业务上的顾客引导到其他业务上去。
- 尽最大可能，将顾客信息在业务间共享，通过推断顾客的隐性需求开展新的业务。

效果

- 后续业务可以轻松获得大量客户。
- 多数情况下，压低先行业务的价格吸引更多的顾客，被压低部分的价格可以通过后续业务的高收益性弥补回来。
- 将在先行业务中获得的信息（集体信息、个人信息）活用到后续业务中去，能提高顾客的满意度，更加有利于业务开展。

其他注意点

- 一般情况下，先行业务是公共性强的商品等易于开始的业务，后续业务是收益性高的服务业、金融业等业务。
- 这种模式既适用于同时经营先行业务和后续业务的公司，也适用于合并公司的情况。

> **学习要点**
> - 业务的组合不易被竞争对手模仿，具有独特的优越性。
> - 如果收购其他企业，事先一定要进行详细调查，确认收购之后自己是否还能保证这项业务能获得这样的客户量。

商业模式 4　使用外部数据

● 苏黎世保险、JCB 等

模式概要及示例

从自己公司之外的人或公司拥有的客户中发展新客户。

很多公司合理利用顾客个人所持的地址簿和关注者名单，积极与顾客联系，希望他们能购买自己公司的业务。为了吸引潜在客户，很多公司开通了官方推特和社交网站，在上面发布公司相关信息。此外，还奖励介绍新顾客来店的顾客；制作软件的公司，只要顾客下载其软件，在经顾客许可之后软件可以获取顾客的通讯录，这样一来大大增加了公司与顾客交流的机会。

为其他公司提供会员服务，或面向其他公司员工提供服务，或为其他公司提供物品等，都是接触其他公司的顾客和员工的绝佳机会，巧妙利用这些机会可以将其他公司的顾客吸引到自己公司来。如果觉得某个非同行公司的客户名单是自己公司的潜在客户，就想方设法使这家公司在为这些客户提供服务时，将你公司的产品和服务介绍给这些客户，只要顾客使用了这些产品或服务，就可以收集顾客信息，有利于将来的产品和服务的销售。

例如，苏黎世保险等保险公司为 JCB 这样的信用卡公司的顾客提供免费的小规模保险，信用卡公司把这项服务作为会员服务提供给顾客，这样一来，等于是保险公司使用了信用卡公司的顾客名单。免费为顾客提供小额保险，对保险公司来说根本不算什么，只要签订一个小额保险合同，在签合同时保险公司就可以知道顾客的个人信息，合理利用这些信息，就可以想办法让顾客购买更高额的保险。再如，餐饮店会与其他公司合作，将餐饮优惠券作为其他公司的一项会员服务发给顾客，顾客使用这张优惠券进店用餐，就可以在一定程度上收集到顾客的个人信息。很多公司都在尝试建立客户社区（参考第 3 章第一

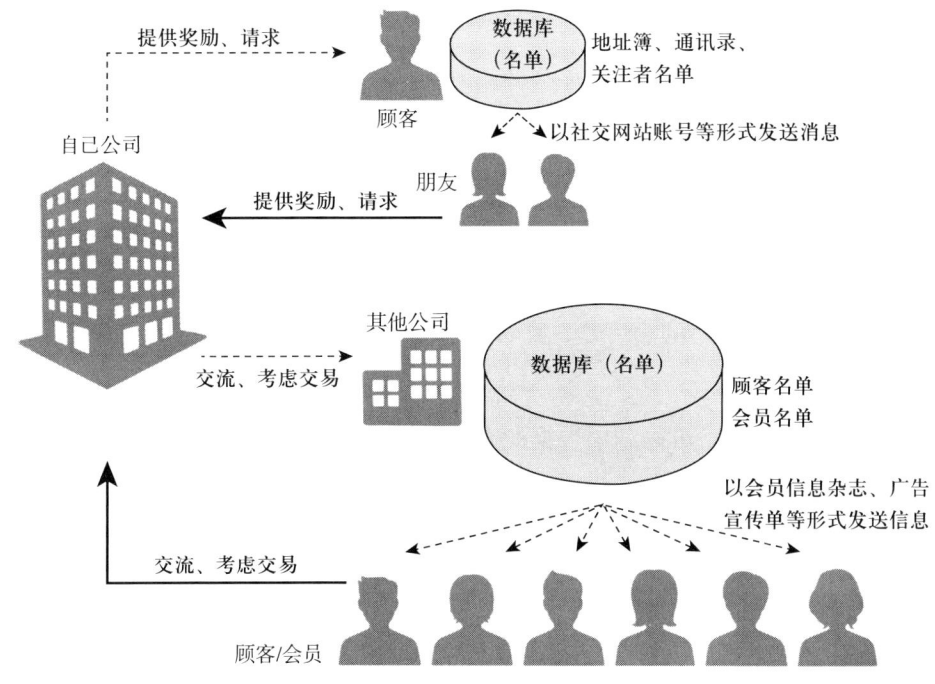

图 2-5　使用外部数据（概念图）

节），在一个社区内为会员提供诱人的折扣，那么其他公司的顾客就有可能成为自己的顾客。例如，三菱东京联合银行为有高额存款的富裕阶层建立了一个社区，向这个社区内的会员提供一些高级餐厅的折扣，这些高级餐厅就会获得一些高收入的顾客。

除了其他公司的顾客名单，他们的职工名单也可以有效利用。比如，可以将自家的服务打折或者免费提供给其他公司的员工；可以将景区的旅馆与健康保险业务一起提供给大公司的旅游团。像 Groupon 这样的团购网站，其实不仅是在处理卖不出去的存货，还在利用顾客的通讯录扩大自己的顾客范畴。

价值创造过程

提高营业额有两种方法：第一，向新的顾客出售商品（提高顾客数量）；

第二，提高单价。由于顾客的预算有限，因此使用提高单价的方法早晚会到达极限。所以要想使企业得以长足发展，必须发展新客户，单靠经营者和职工去拉关系找客户迟早会行不通。

将迄今为止与自己公司没有联系的人发展成潜在顾客这一过程体系化，可以切实地增加客户数量，这也是企业发展壮大的基础。仔细考察一下现在的大企业，就会发现它们都有一套完整的发展新客户的体系。获取潜在客户名单，是发展新客户的第一步，所以如何有效地获取潜在客户的名单，非常重要。

使用外部数据，可以利用数据所有者与潜在客户之间的关系，更好地发展客户。一般人对与自己从未打过交道的企业会有戒备心，如果你从他很熟悉的公司入手与其建立联系，他对你的戒备就会降低。

为何能够保持优势

采用这种模式之所以可以在竞争中保持优势，其原因在于你先于竞争对手获得了客户。如何把潜在客户变为真正的客户，这是所有企业的永恒课题，把这件事情做好，是企业生存的王道。如果你曾在公园或者景区观察过鸽群，你会发现，鸽群里的鸽子一定是胖瘦各异的，捕食能力的强弱，造成它们体格上的差异。捕食的第一步是发现食物，只要能比其他鸽子早发现食物，自然也就能比其他鸽子捕获更多的食物。

适合使用这种模式的企业

这种潜在客户名单最好能够部门化。与顾客拥有相似思维模式和价值观的朋友很有可能成为公司的潜在客户，当今社会信息泛滥，来自朋友的信息算是可信度高的，如果能灵活运用这一点，可以发展很多的新客户。

另外，在使用其他公司的客户名单和职工名单的时候，要尽量使用与本公司相似部门的名单或者职工属性与本公司相似公司的名单。

最后，与顾客取得联系后，如何将其变成真正的客户也很重要。所以刚开始可以为其提供折扣或免费服务，这样其变成真正客户的可能性高。

类似的商业模式

现在很多企业向会员发送其可能感兴趣的内容，从而引导消费。这种情况的客户名单是自动生成的，没有利用其他公司的客户名单。另外，社交网站和Groupon这样的平台拥有顾客很多的信息，可以有偿使用这些信息，也有很多专门出售名单的人。

注意

在利用其他公司的顾客职工名单时要注意，《个人信息保护法》不允许获得其他公司的客户名单并直接与其联系。所以你只能获取客户名单，收集客户信息还是要靠自己，同时，与其他公司合作时要签署保密协议。获取过程一定不要使名单提供方和潜在客户都不开心，一旦引起他们的反感，就得不偿失了。

补充

这种模式是基于网络和无线通信的迅猛发展出现的，通过网络和无线通信，你可以掌握公司外部的信息，利用公司外部的数据。这样的企业，在竞争中可以保持优势。

小结

模式概要

- 利用顾客或其他公司的潜在顾客名单。
- 要给对你提供名单的人一些好处。
- 多数情况是在社交网站上进行网络营销,但也有线下营销。

效果

- 对于潜在客户来说,从朋友和从以前买过东西的商家处得到的信息比从网上得到的信息可靠得多,所以这种模式更容易将潜在客户变为真正的客户,扩大营业额。
- 如果是利用客户手上的名单,客户越多可以利用的名单就越多,潜在客户也就越多,这样的模式对大企业更加有利。

其他注意点

- 名单有地址簿、通讯录、关注者名单、顾客名单多种。
- 注意不要违反《个人信息保护法》之类的法律法规。

学习要点

- 用动物来做比喻,发展新客户的体系就相当于捕食,这个体系的好坏直接决定了企业的成长速度。
- 虽然这是一种需要反复进行的低层次的模式,但是长期积累下来,一定能与同行拉开差距。
- 不要把目光仅仅放在营业额上,卖出商品之前所做的努力也需要有意识地考察。
- 这种模式对B2C企业、中小企业等以顾客为核心的企业来说尤为重要。

商业模式 5　多层次营销

● 安利、三基商事、如新、诺薇雅、香罗奈等

模式概要及示例

销售商品时，销售人员是商品销售的渠道，所谓多层次营销就是指销售人员的结构多层次化，根据销售能力对销售人员进行分级，上级可以招聘新员工，上级带下级。销售人员虽然只有一个，但是在商业领域他就是一个独立的商人，是商品与外界联通的渠道。

说到多层次营销，美国的安利、如新等都很有名；日本企业三基集团三基商事、化妆品品牌诺薇雅、女性内衣品牌香罗奈都采用的这种模式。

价值创造过程

构建多层次营销的方法有多种，这些方法有一个共同点，即销售人员作为商品流通的渠道，分为两层及两层以上的多层结构。这也是"多层次营销"这一名词的由来。并且这不只是一个结构，还可以用层次高的销售人员来招聘、培养新人（层次低的销售人员），这样公司不用花心思去扩展渠道，渠道可以实现自我发展，销售人员以高带低，业务自身也可以得到发展。

很多采用多层次营销的公司会根据销售人员的业绩给予下级销售人员升职的机会。销售同一件商品，上级销售人员比下级销售人员得到的回扣多，这样下级销售人员就有了努力的动力，从而促进销售的整体发展。

对上级销售人员来说，培养出有能力的新人可以获得相应的奖励，所以上级销售人员也会积极招聘并培养新人。并且很多采用多层次营销模式的公司喜

欢将顾客发展成帮助其宣传商品的"渠道"。顾客一般都是这种商品的忠实粉丝，对商品的性能十分了解，且有丰富的用户体验，由他们去对潜在客户进行游说，一定能够做成生意。

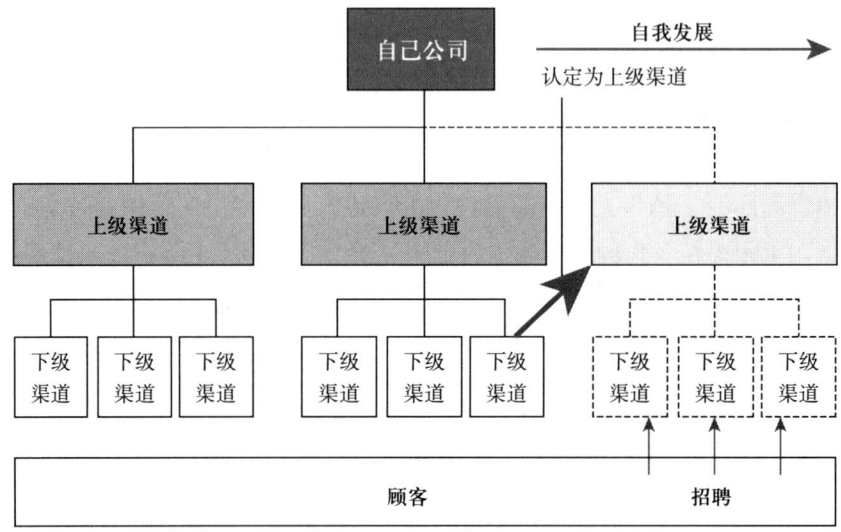

在多层次营销模式中，渠道（销售人员）被分为多个层级，下级销售人员做得好可以晋升到上级，上级销售人员再招聘新人并培养，这样的组织是动态的，所以这样的组织有自我发展的能力。

图 2-6　多层次营销（概念图）

将销售人员分出层级，就需要给每一层级的销售人员支付不等的报酬，乍一看好像成本增加了，但是，如果不采用分层次营销，一般方式是将商品批发给代理商去零售，这样其实也有两层结构，而且店铺装修也需要资金，相比之下，为高层次销售人员多付的报酬也就微乎其微了。用销售人员这样独立的销售渠道去代替传统的批发渠道，其实更加经济实惠。多层次营销不走"批发→零售"的传统道路，在美国也叫**直销**（参考后文示例及《商业模式·入门篇》）。（本书将销售人员看作商品销售渠道的一种，所以将其与直销区别开来。）

为何能够保持优势

使用这种模式，说到底还是为了最大限度地激发各个层次的员工的潜能。只要做到这一点，自然可以在竞争中保持优势。

适合做销售的人才并不多，抢先把适合各个层级的销售人才都收入麾下，即便竞争对手也开始采取这种模式，同样可以在人才上战胜他。

适合该模式的企业

无论制造业还是零售业，只要是销售物品的行业，都可以采用该模式，从使用批发零售渠道的企业抢夺客户资源，在竞争中占据优势。

注意

多层次营销模式拥有很多层级的销售渠道，但是这些层级必须是有限的。如果这些层级无限多，这方面的开销就会越来越多，这个结构迟早会崩溃。这种无限分层的营销手段，在日本已经被《无限连锁会防止法》明令禁止。多层次营销如果层级太多，也会因违反这项法律受到相关制裁。

多层次营销的销售人员，一般都是个人，他们利用自己的关系网开展业务。因此，多层次营销也叫关系网营销。运用个人关系网，很多情况下会强行劝熟人购买，所以这种模式也受到了很多批判。

类似的商业模式

在生命保险行业，新入行的保险推销员会有固定工资，但过了培训期，就不再有保底工资，而完全根据其业绩来发工资。这样没有人脉的推销员会向自己的亲戚朋友推销，等到这些人脉资源都用完了之后，如果还是找不到发展新客户的渠道，就只能辞职走人，像这种也是一种层级分明的组织。

日本长期存在的家元制度，虽然不是销售，但是作为一个系统，与多层次营销还是有很多相似之处的。

在家元制度下，优秀的学生可以成为老师，在老师中挑选技艺更加娴熟的人成为总管，这样的制度覆盖到了系统里的所有人。从学费、毕业证书申请费中抽出一部分交给系统的总事务局。老师指导学生，学生升级为老师之后也可以招学生、教学生，这样流派本身可以不断壮大。不过，家元制度与多层次营销不同，它的对象是技艺，学生努力成为老师的动力并非金钱上的奖励，而是对技艺的热情。因此，家元制度受到的社会性批判也少。所以不能仅仅因系统模式相似就说这两种东西是相同的。

补充

显然，多层次营销是一个由结构（多层级渠道的构造）和推动力（渠道自我发展的过程）构成的机制。人们对这种模式的评价一直不高，因为它在带来明显效果的同时，还会带来一些副作用。但鉴于它不失为一种十分有效的商业模式，本书不惧批判仍将其收录。

第二部分 | 商业模式分论① 业务内部模块篇

小结

模式概要

- 将商品销售渠道（销售人员）分为多个层级。
- 高层销售人员把商品卖给低层，低层的销售人员再把商品卖给顾客。这样低层销售人员卖出了商品，高层销售人员也有回扣，所以高层销售人员会认真培养出有能力的新人。
- 业绩好的销售人员可以升级，这样低层销售人员更有动力。

效果

- 高层销售人员招聘、培养低层销售人员，销售渠道（即销售人员）本身在发展。
- 用奖金激励低层销售人员提高业绩。
- 不走传统的批发零售渠道，省去了销售手续费。

其他注意点

- 无限层级是违法的。
- 因为高回扣，很多人会拉着自己的亲戚朋友来买，所以社会上批判声很高。

学习要点

- 这种模式很好地诠释了商业模式的两个性质（结构＋推动力），效果也很好。
- 在这种模式下，顾客也可以变成销售人员，因此运用范围很广，与其他部分的相容性较高，是一种完成度极高的商业模式。

构建商业模式的重点：获取客户

日积月累之后效果明显

获取客户的商业模式是指，企业认识客户，与客户做生意，并让客户带来更多客户的一种机制。这种机制与企业接受订货、销售额都紧密相连，它是在达成最终买卖之前做的努力。

可以说所有企业在达成买卖之前，都要经历这样一个获取客户的过程。即便是有长期往来业务的顾客，也很有可能因为一些情况与你解约。所以，如果没有一套完整的获取客户的机制，很有可能会流失顾客，企业也会因此走下坡路，所以企业要在如何获取客户上下功夫。例如：从网上或通讯录上锁定目标客户，与他们打电话预约见面，然后向其推销产品，达成交易；在街上发打折传单，吸引顾客；联系公司所在区域的工商管理机构，想办法从那里获得其他公司的联系方式等。但这些做法都不是立竿见影的，需要每天反复地去做，时间久了，会看到效果。当然，一些企业看起来确实没有系统的获取客户的机制，但他们的员工都在切实地联系新客户。不过，企业越大，越有获取客户的机制。

把企业获取客户比作动物觅食，那么获取客户的能力，直接关系到企业的发展速度。假设两家企业的目标市场相同，但是获取客户的能力不同，不久之后，规模一定会出现较大差异。

完成一项交易，企业内部会经历如下流程：接受预定→出货→确认价格→告知顾客价格→向顾客收费，获取客户的流程与该流程紧密相连。从这个意义上讲，获取客户与企业的业务流程一样，每天重复即可。但这并不是说它不重要，即便只需要每天重复，日积月累，也会产生巨大的差距。

为何"获取客户"一直不受重视

"获取客户"机制的重要性不言而喻，但是一般在公司内部，除了销售部门，其他部门都难以意识到其重要性。我认为，最大的原因在于：获取客户机制不会对公司账目产生直接影响，而其他尤其像供应链这样的机制，只要有一丝变化，就会在公司账目中体现出来。采购原料，赊购账款增多，原料库存增多。将这些原料投入生产，商品库存增多，原料减少，生产成本可以计算。但是获取客户发生在正式交易之前，这个行为不会在公司账目上直接体现出来。而且获取客户这一行为不仅发生在正式交易之前，它甚至发生在商品交易的最前端"接受预定"之前，所以更加无法体现在账目上了。并且，供应链等是面向公司内部的机制，而获取客户是面向外部的机制，在公司内部更难引起重视。

虽然这个机制主要在公司外部进行，但是随着互联网和无线通信技术的发展，这一机制成立的可能性以及其可控性都在提升。这种可能性的提升，是随着数字营销领域的繁荣发展产生的。并且我认为，有了这种良好的技术背景，企业建立获取客户机制的时代将会到来。

商业模式示例

1. 利用各种渠道的活力及其关系

外部渠道是获取客户的基础。通过起用外部渠道，可以充分发挥外部企业的活力及其关系。渠道与顾客之间有着独特的关系，我们要善于利用这种关系为自己公司发展顾客。

如果你先于竞争对手获得了外部渠道，便可以通过"特约店"的方式使其不再与其他公司签约，从而独占市场，在行业中保持领先地位。

所谓渠道，不必局限于专门做渠道的公司。如生产网络路由器的思科系统公司和做ERP软件的思爱普公司（SAP）将富士通、日本电气等信息通信技术相关业务的生产厂商作为渠道公司，保证了高额利润，提升了营业额。

在起用外部渠道时要注意，传统的外部渠道与顾客订单流入、供应链、钱款的征收方这些都相关，但这三个过程都是独立存在的。例如，爱速客乐销售渠道的经销商处会流入客户，但不接受客户的预定。而且经销商与供应链无关，但又参与回收钱款（具体参照《商业模式·入门篇》）。

2．起用与行业标准不同的渠道

有时使用不同行业的渠道也很有效果。武田食品工业的汽水 Plussy 就采用了粮食店铺的销售渠道。

在日本，某一行业的销售渠道基本都被行业巨头垄断了，这种情况下，新进入这个市场的企业如果采用这种利用其他业界销售渠道的方法，会比较容易打开市场。

3．直销（电子商务/网络渠道）

通过传统的线下销售渠道和网络等方式直接销售给客户的形式。这种方式毛利丰厚，所以可以低价出售还利于顾客，从而获得更多的客户。而竞争对手会因考虑到会受到一直合作的经销商的批判，而不会采取直销的方式。因此，采用这种模式可以获得比较长期的竞争优势（具体参照《商业模式·入门篇》）。

4．从其他业务渠道获取客户

5．使用外部数据

6．多层次营销

具体内容请参照本章。

7. 免费（或极端折扣）

这里是指将对顾客来说有价值的东西免费提供给顾客，获得客户量，再将这些客户引导到其他非免费的交易中，从而获得收益的模式。克里斯·安德森在他的著作《免费》中将其分为以下几种模式。

第一种，内部互助。通过将一种商品或服务免费提供的方式吸引客户，再将这些客户引导到另外一个有偿的交易中去。总体来说，商家能够在同一个客户那里盈利。此模式最经典的例子是以前用拉洋片儿吸引儿童来买糖果。还有一个典型的例子是英语培训班和健身房的免费体验课。本来服务就不像商品，服务没有价格明细表，所以这些服务类的东西更容易用这种免费的方式去吸引顾客。即便不是免费，把折扣打得特别低去吸引顾客的现象也很常见。超市常有特价商品，这也是内部互助的一种。

第二种，免费增值。即一种商品的普通版是免费的，但是增值版是收费的。顾客经常使用普通版，就会产生一种习惯和**数据模式**，使顾客习惯性地来这一家购买，也就保证了其增值版的销量。这种模式常用于软件及网络服务领域。近年来，普通版不再是免费提供，而是以极低的价格提供给顾客，以消除顾客对其的不信任感。

第三种，从免费对象之外的第三方获利，叫作第三方市场。其中最典型的就是广告模式，即免费提供服务，但是在这项服务上有植入广告，通过向广告商收钱的方式来获利。还有一个例子是向入境的游客免费提供无线网线（Wi-Fi），根据其浏览的网站分析其信息，再将这些信息卖出，也属于这一类商业模式。

最后一种，通过无偿提供信息、劳动力等获得贡献和名誉。例如，能被写进维基百科之类。这种模式被称作非货币市场。严格来讲，第三方市场和非货币市场都不属于获取客户这一机制，而属于获取资源这一机制（具体参考《商业模式·入门篇》）。

虽然免费应该是"财务模式"（第 8 章）的一部分，但由于它是一个获取客户的手段,本书还是将它放在这里。

8. 与有影响力的顾客交易

有些顾客能够影响其他顾客是否购买,首先与这些有影响力的顾客进行交易,可以有效获取客户。

如,日本野村综合研究所是咨询业的龙头企业,其主要业务集中在金融业和零售业,因此,它将在这两个行业内业绩较好的野村证券和 Seven & i Holdings 当作自己的客户来对待,想办法让这两家公司的客户也来找自己咨询,从而成为自己的客户。

特别是做信息技术系统的公司,如果你能够让一个企业集团内的总公司(通常是控股公司,当然也有像丰田集团里的丰田汽车这种例外)成为你的客户的话,那么其旗下的分公司就能全部被你收入囊中了。

9. 为有影响力的顾客或企业提供奖励

在为顾客提供免费或是低折扣的同时,为具有影响力的顾客提供奖励,也是很多企业的做法。企业为有影响力者提供奖励,希望他们利用自己的影响力劝说其他客户来购买自己的产品,因为并不是让有影响力者自己掏腰包来购买,所以他们大多愿意为企业去游说。这种模式跟内部互助模式一样,奖励部分其实成本很低,对公司来说并不构成损失。

很多餐厅,通过向一同来店的儿童和妇女提供免费餐,吸引他们的亲人或男性顾客来店消费。如一家人来店消费时,向儿童提供赠品,免费或是只收取很少的费用向女性提供餐饮。还有的餐厅去幼儿园发传单,儿童来店可以免费享受餐饮服务,因为这样可以吸引孩子们的父母来店消费。主题公园也是如此,免儿童门票,儿童不可能一个人来,因此会使孩子们的父母也成为其顾客。

10. 派员工常驻客户公司,获取项目

可以以协助商品开发等理由派自己公司的研究员常驻客户的研究所,从而

在客户公司内部建立起人际关系网，获取客户公司的信息。

11. 从退休员工处获取项目

建立一个退休职工网，从退休员工处获取项目。例如，大学的附属医院会为自己开诊所的毕业生建立一个网络，如果诊所接收了需要转到大医院治疗的病人，可以直接转到这所附属医院；咨询公司会从退休人员退休之后再就业的公司里发掘潜在客户。（具体参考"商业模式 10 专业服务公司"）

12. O2O

O2O 即 Online to Offline，Offline to Online（线上到线下，线下再到线上），是指将线下的商务机会与互联网结合，让互联网成为线下交易的平台。

现代社会，顾客有了需求会先在互联网上检索，但是真正的交易又多在线下进行，在这样的背景下，应采取不分线上线下来获取客户的机制。

例如，基恩士将其技术信息在网上公开，如果用户要下载这些信息或者购买商品，就需要在网站上填写个人信息，基恩士利用这些信息向顾客推送其可能感兴趣的产品，从而达成交易。

第3章

留住客户

商业模式6　建立客户社区

● 哈雷戴维森、尼康、路易威登、小米等

模式概要及示例

建立客户社区是指在客户之间构建一个和睦组织（客户社区），在社区内组织一些关于自己公司商品、服务的活动。这样在推销商品的同时，促进了会员之间的和睦，也是对一直支持自己公司和产品的忠实客户的一种帮助。一般情况下，公司只帮忙组建客户社区，客户社区的运营主要还是交给社区，财务也是独立的。

哈雷戴维森为客户建立了一个哈雷车主群，群里时不时会组织一些旅游之类的集体活动。哈雷公司的员工也可以参加车主群的这些活动。通过一同参加车主群的活动，客户们感到使用哈雷车给自己带来的喜悦，同时加深了客户与员工之间的感情。

尼康公司也支援由本公司的相机、镜片制品爱好者组成的尼克尔俱乐部。该俱乐部以加深会员之间的感情为目的，定期组织一些摄影会、研讨会、照片交流会等活动。尼康公司为该俱乐部提供资金支持，但是运营部分一概不插手。尼克尔俱乐部在日本有100多个分部，每个分部都自发地定期组织活动。

Celux俱乐部位于东京原宿表宿道，是路易威登集团旗下的高级购物场所，有酒会、电影、顶级公寓等设施。加入此俱乐部的会员可以提前得知详细的商品介绍，在价格上也会有优惠。

小米公司也为其用户构建了一个社区米饭之家（MiFan），用户可以在用户界面MIUI上上传自己对小米手机的建议，小米公司会根据收集到的这些信息对产品进行改良，改良结果每周都会在网上汇报。小米的用户俱乐部也会经常举行一些线下活动。

不仅是制造商喜欢建立客户社区，现在经销商也喜欢建立客户社区。音像店、收音机店、塑料模型店、铁路模型店等都开始做客户俱乐部。

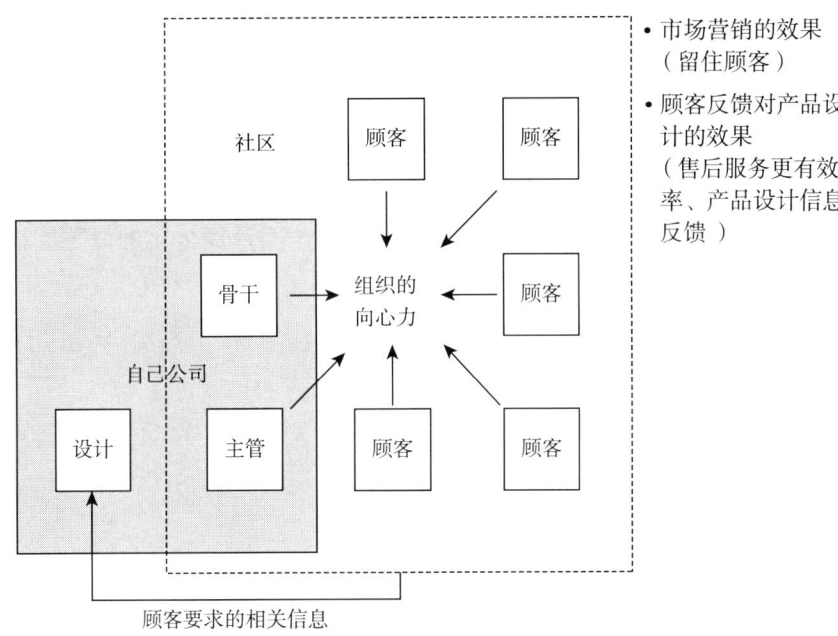

图2-7 建立客户社区（概念图）

价值创造过程

在顾客之间建立社区，顾客可以通过该社区了解商品的使用方法和保养方法，更加熟练地使用产品，又能与和自己有共同喜好的同人交换商品相关信息，发展自己的人际关系网。对于顾客来说，社区对其最大的吸引力，在于他可以通过社区发展自己的人际关系网，而不是通过这个社区与公司建立更深的联系。将顾客社区化，能够促使顾客去更好地使用商品，顾客对商品价值的了解会得到提升，顾客的满意度也会有所提升。随着顾客越来越熟练地使用商品，当顾客看到同一社区的其他客户开始使用更高级的商品，顾客自己也会去购买更高级的商品。顾客一旦对这个社区有了归属感，就不会再去购买其他公司的产品，等于说这个客户已经成为你们公司的长期客户了。

也有一些社区是为了便于收集顾客的意见而建立的，之前提到的米饭之家就是一个很好的例子。无印良品组织了"生活的良品研究所"社区，通过举办制物活动来募集商品开发创意。小米和无印良品都没有经销商，都是通过厂家直销的方式将产品卖给顾客，通过客户社区，跳过经销商直接聆听到顾客的声音。顾客们看到自己的提议能够被这家公司接受，对这家公司的好感度提升，就更倾向于在这家公司购买商品。

为何能够保持优势

为什么建立客户社区可以保持竞争优势呢？因为通过社区，顾客会对你公司的产品使用方法更加了解，同时，通过社区顾客与其他会员成了朋友，也就不会再转去别的公司购买了。与顾客之间的联系越强，在业界也就越有竞争优势。

当然，你的竞争对手可能看到你建立了客户社区，也模仿你的做法去建立客户社区。但是顾客一旦加入了你的社区，就会对你的社区产生一定的依赖，会倾向于在你的公司一直购买更高级的产品，所以顾客不太可能那么容易被竞争对手抢走。

适合使用这种模式的企业

建立客户社区这一商业模式之所以能有效留住顾客，是因为顾客加入社区之后能更加了解商品的使用方法，能够在社区里认识其他会员。因此，这种模式适用于以个人客户为业务对象的企业。当然，有很多以公司为业务对象的电脑供应商也在这些公司之间建立用户社区，但是建立这种用户社区的目的并不是促进这些用户公司之间的和睦，也不是向他们介绍产品的使用方法，更多的是作为一种营销手段，向其推荐其他产品。所以比起以公司为销售对象的企业，还是以个人为销售对象的企业更加适合这种商业模式。在以个人为销售对象的企业中，特别是有个人偏好的时尚类产品更加适合这种商业模式。

这种模式不仅适用于制造业，也适用于服务业。如烧烤店通常会有一些业余棒球队作为其固定顾客，这些固定顾客会带自己的朋友来店消费，这是服务业使用这种模式的经典例子。服务业类的公司可以将自己的服务嵌入社区活动中去。

注意

这种模式本身没有什么缺点，但是很多情况下，公司组织了一个客户社区，很想把这个社区做好，然而社区自身却发展得不怎么样。从哈雷车主群这个成功的例子，可以看出，将自己公司的构想、价值观与客户分享，并得到客户的理解和支持是此模式成功的关键。

建立客户社区与赠品部分及利基市场的市场定位具有很强的相容性，所以利用赠品策略和利基市场的企业易于利用这种模式。反而一些行业巨头，没有要与顾客分享企业价值观的意识，便很难建立起客户社区。

然而，这种模式有一个困境，就是顾客人数越多，社区就越难运营。为了解决这个难题，就需要将核心客户与一般客户分到不同的社区，或者像尼克尔俱乐部那样把活动分在多个地方进行，从而提高顾客的加入意愿。小米将线上与线下的互动分开，留住了大量客户，它的模式值得我们学习。小米的客户可以直接在手机上对产品使用进行反馈，当然小米本身就是做手机的，可以直接在产品里加入这些功能，不是做手机的公司也应该思考如何将**产品信息反馈**（参考第三部分第 7 章）活用到客户社区中来。

补充

这个模式能够让企业知道，在竞争中留住客户是十分重要的。经营战略与军事战略不同，不是占领了战场（市场定位）就可以取胜，其重点在于客户。只要有效获取了客户，这些客户不会流失，也就等于占领了市场。

小结

模式概要

- 建立客户社区，帮助其运营。公司员工（不仅限销售部）也可以以个人身份加入社区。

效果

- 在社区内，顾客通过与其他客户及公司的交流，对商品的使用方法更加了解，实质上提高了商品价值。
- 顾客在社区内拓展了人际关系网，从这个层面来讲，顾客不会离开这个社区。
- 可以利用客户社区向客户征集商品设计的意见建议。
- 即便厂家与顾客之间还存在经销商这个环节，也可以跳过经销商与顾客取得直接联系。

其他注意点

- 有关个人兴趣的产品或服务更易建立起客户社区。

学习要点

- 这是一种能留住客户的机制。客户在社区内发展自己的人际关系网，同时又能对产品使用更加了解，一举两得。
- 不仅限于创建属于自己公司的客户社区这一种模式，也可以通过帮助与本公司产品相关的已有社区（某某协会等），来获取客户。或利用"某公司"或者"某学校"这样已有的社区，来获取客户。"办公室格力高""雀巢大使"等，就是利用了已有的办公场所。

商业模式 7　用贷款等金融手段留住客户

● NTT Docomo、亚马逊日本、日本农协、KOMERI、欧力士等

模式概要及示例

该模式指通过贷款、分期付款、租赁等方式将商品提供给顾客，而自己公司还是商品所有者，这样就可以与顾客保持长期的关系，防止顾客流向其他公司。

NTT Docomo 分期向顾客收取手机的费用，而每一期的费用的一部分又可以作为话费扣除，这样便长期留住了客户。

知名汽车品牌的经销商都会向顾客提供贷款，将汽车的所有权保留在自己手中，这样便可以让顾客在自己店里做车检、保养等服务。特别是现在很多经销商为了保证车辆回收时二手车的价值，只通过贷款的方式向顾客出售汽车。这种贷款叫余额设定贷款，顾客购买了这种贷款，就必须在你的店里做车检，由于是自己做的车检，作为二手车回收时也方便，也便于再次出售。采用这些方式，商家既可以保证车的质量，又可以留住客户。

亚马逊为计划在步行街开店的企业或个人提供贷款，为有需要的店主提供进货资金的贷款，还贷就从销售额里扣除。在这种机制下，店主可以持续地从亚马逊贷到款，如果改为销售其他公司的商品，其他公司不提供贷款，周转资金不够，所以它们会选择一直销售亚马逊的商品。类似的例子还有，贸易公司及批发商会将货物分期贷给制造商和零售店，为的是让它们长期进货。

日本农协为农户提供农业机械、房屋修补材料、农药、肥料等资金的贷款，既可以保证自己的债权人地位，又可以独占与农户的经济交易。当然，严格意义上来讲，农协的这种做法不能算作一种机制。家庭用品公司 KOMERI 为了与

之抗衡，构建了一种叫作"农卡"的机制。农卡持有者可以到收获月再付材料、肥料和农药的钱，但是要把收获的农作物放在 KOMERI 销售，这样一来，既能与农户保持长久的合作关系，又能定期向其收取贷款。

欧力士公司在租出设备的同时与客户签订设备维护合同，这样就将设备维护这项业务收入囊中。

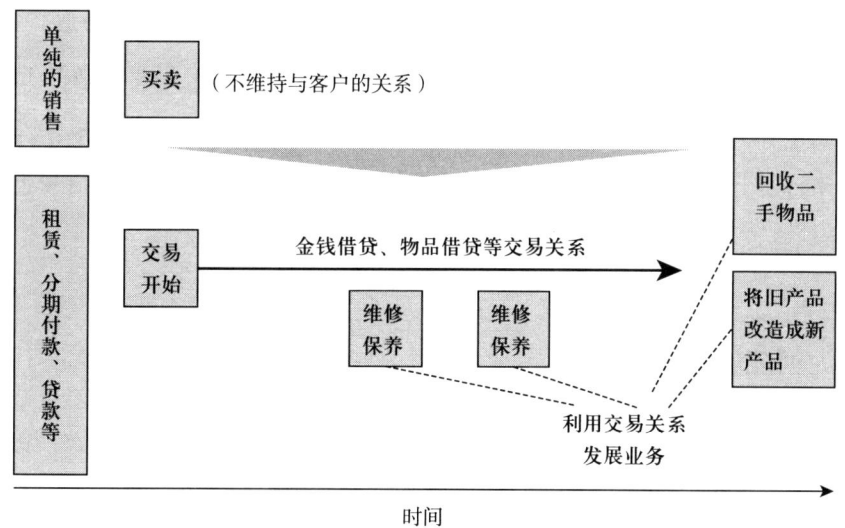

图 2-8 用贷款等金融方式留住客户（概念图）

价值创造过程

将商品或服务的价格通过贷款、分期付款、租赁等方式提供给顾客，既解决了顾客的资金周转问题，也能促进自家商品的销售。因为商品的所有权还保留在自己手中，这里的分期付款和租赁，也就不用像贷款那样去严格考察顾客的信用问题，而且银行等金融机构也能通过收利息和租金提高收益。一般来说，卖家比买家信用额度更高，比买家更容易调度资金，所以卖家活用这个特点以贷款或租赁的方式将商品提供给顾客，能够切实地提高收益。

该模式实质是通过贷款、分期付款、租赁等金融方式与顾客保持长久的交易关系。有资金困难的顾客才会这样买东西，这样的客户也不得不与商家保持长久关系。

从商家贷款比从银行贷款对信用的要求要低。商家贷款给买家，很多情况下出售的商品本身是作为物品担保的，就算买家最后不还贷，也可以将商品作为二手商品收回，将其维修又可以再次出售。之前提到的亚马逊、农协、KOMERI 等对债务者都有债权，实在不行回收商品，再次出售也可以抵销损失的金额。并且对商家来说，损失并不是根据售价计算的，而是根据商品的进价来计算，所以这个原价其实是比贷款应收的钱要少的，因此损失也不会太多。

为何能够保持优势

这种模式之所以能够保持优势，是因为它留住了客户，并且使客户以后的业务都在自己公司办理。本来销售商品就是一次性交易，商品销售出去了，交易过程就终止了，但是通过这些金融手段，有意将这一次性的交易时间延长，从而与客户维持长久的关系。一旦与客户维持了长久的关系，竞争对手就没有乘虚而入的机会，就能在竞争中保持优势。

适合使用这种模式的企业

这种模式对于出售商品和出售服务的企业都适用，但是要以销售对象作为担保，因此还是出售商品的企业要更合适一些。如果能像亚马逊或者贸易公司那样，了解到客户的收入，信贷也就更可靠一些。如果能够对顾客发行自己公司的卡，并能通过这个卡还贷的话，既有利于吸引顾客，还能够降低还贷风险。

注意

此模式的缺点是，对于资金没有困难的顾客完全没有吸引力，而资金上有困难的顾客并不是非常理想的顾客。也就是说，用这种方式吸引到的顾客很可能都是没什么钱的顾客，这些顾客并不会给你的营业额带来大的提高。要想解决这个问题，就要想办法吸引所有顾客用这种方式来购买商品。比如，之前提到的，无线通信公司通过给使用这种付款方式的顾客一些好处或是资金上的奖励（无线通信公司对使用这种方式付款的客户减免一定的话费）来吸引客户。只要能招徕顾客，使之成为你的长期客户，这些用于奖励的资金其实都不算什么。

更大的一个难点在于，要想通过这个模式收到更多的钱，恐怕就会因价格太高吸引不到太多的客户。要想获得更大的利益，自然倾向于把利息和租金都定得很高，但是要想招徕更多的客户，这些金额自然是越低越好。实际上，汽车经销商就是因为利息定得太高，流失了很多客户。余额设定贷款很好地解决了这个问题，并且还有利于二手车出售，是一种很好的机制。

补充

所谓"一次性买卖"，从降低风险的角度来看是理想的买卖，但是从长期做生意的角度来看并不理想。原本为了将一次性的买卖变为长期的生意，会用为顾客提供一些附加服务的方式，但是我认为有效金融手段也是很好的方式。而且与商品、产品相关的金融手段，与纯粹的金融机构提供的金融手段相比，有担保和维修等好处，对卖家来说更为有利。

金融不应该仅仅是一种新型事物机遇，更应该成为有效促进销售的手段，同**服务化**（参考第1章示例）一起，成为大部分制造商共同研究的事情。

小结

模式概要

- 变一次性付款为贷款、租赁,从而与顾客保持长期的关系。
- 商品的所有权在商家自己手里,这是对顾客还贷最大的保险。
- 商家能比顾客个人更好地调动资金。

效果

- 解决了顾客的资金问题,商品销量会增加。
- 商家作为债权者或是商品所有者,能与顾客保持长期的关系(与此相反,一次性付清贷款的话,与顾客的关系就终止了)。在此基础上,可以通过对借贷者提供服务、二手商品、代销等手段获得更大的利益。
- 对金融机构也有益处。

其他注意点

- 对制造商来说是非常有效的模式。

> **学习要点**
>
> - 将一次性买卖变为长期生意,是留住客户的关键。金融同服务一样,是商家用来留住客户的重要手段。商家应该利用自己是债权者、商品的所有者这样的身份,将一次性的客户变为长期客户。

构建商业模式的重点：留住客户

开发新客户的成本是留住老客户的五倍

留住客户这一章教你如何将一次性客户变为长期客户。出售商品或是单纯地出售服务，都是一次性的买卖，通过这仅有一次的买卖，商家很难了解顾客以及顾客的需求。所以，我们需要这样的机制来帮助我们了解顾客，并将其变为长期顾客。

将一次性客户变为长期客户，客户就不会再去竞争对手那里购物，从而在竞争中获胜。我们说开发新客户的成本是留住老客户的五倍，当然也有专门开发新客户的机制，但并不是说所有的潜在客户都能变成真正的客户，所以比起开发新客户，还是留住老客户来得更容易一些。

商业模式示例

1. 建立客户社区

2. 用贷款等金融手段留住客户

具体内容参考本章。

3. 设立能与客户保持长久关系的业务

设立一些能与顾客保持长久关系的业务，通过这些业务获取客户信息，引导客户去办理其他新的业务。埃森哲公司就是通过系统维护业务与客户保持长久的关系，再将这些客户引导到各种咨询业务上去。

维护、管理、外包等都是长期的服务，这些手段与我们在本章之前提到的金融手段一样，都有很好的留住客户的效果。具体请参考第 1 章目标市场定义中**服务化**部分的解说。

4. 会员制与积分制

即便不在客户之间建立社区促进客户之间的交流，也可以通过会员制来促进商品的销售。商家设置一个标准，符合这个标准的客户就可以成为会员，并推出一些只针对会员的服务、赠品或优惠，这样可以促使不是会员的顾客想成为会员。从传统观点来看，即使不了解顾客的相关信息，也可以做成买卖，但从长远来看，如果建立一个客户数据库，将顾客的购买记录都记下来的话，就可以为顾客定制一些个性化服务，从而达到促进销售的目的。航空公司的里程服务（航空公司面向多次搭乘客人的程序项目，当达到一定搭乘距离就提供免费机票或免费升为头等舱座位等的服务）就是一个典例。日本铁路（JR）东海分公司的快车会员也是这样，会员可以进入 JR 公司的预约系统，从而获得乘车的便利。会员制可以把握会员的购买行为，从而可以针对性地对其提供优惠。客户一旦成为会员就会有一个账户，数据库管理也需要信息通信技术相关装置的协助。

5．积累顾客信息建立信息相通的顾客系统

根据已有的顾客信息建立一个所有分店都共通的顾客系统，保证所有分店都熟知顾客信息，促进顾客再访。喜达屋酒店在日本运营着许多品牌酒店，构建了一个旗下所有酒店共用的顾客信息系统，顾客入住时方便店内工作人员迅速了解顾客的喜好（是否吸烟等）。

6. 产品信息反馈

产品一旦卖给了顾客，就会作为一个物理存在一直留在顾客那儿，那么这

件产品就成为联结商家和顾客的纽带。因产品规格不同，产品的零部件损坏，顾客需要再回过头来购买零部件，这样算是与顾客的联系。最有效的一种方法是，在产品里装入通信功能，顾客可以通过这个产品将自己的使用体验反馈给商家。具体参考"商业模式 15 **产品信息反馈**"。

7. 用顾客信息留住顾客

很多互联网企业都会通过免费、打折、免费试用等方式吸引顾客，引导这些顾客使用自己公司的信息通信技术系统，从而获得客户信息，在此基础上，便可以想办法留住顾客。这种方法也可以看作用产品留住客户，但是用这种方法的例子很多，所以还是将它单独列出来。

8. 客户购买代理

可以通过代替客户去帮客户购买的方式，与顾客建立长期的联系。这是适用于贸易公司、代理商等中间商的模式（具体参照《商业模式·入门篇》）。

9. 将顾客变为股东

通过让顾客持股的方式来提高顾客的忠诚度。可果美为了增加个人股东，将一股分为十股来卖，到 2014 年 12 月，其个人股东数已经突破了 20 万人。在公司股东大会结束后，马上举行食品介绍会和试吃活动，有意将股东培养成公司的忠实客户。这种做法的效果十分可观，持股客户在可果美的消费金额是非持股客户的十倍以上。再介绍一种现在已经不再使用的类似案例，大正制药鼓励各大药店购买自己的股份，有些药品只对持股药店出售。这样一来，既锁住了持股客户的心，也保证了药品的销售渠道，可谓一举两得。

10. 供应商管理库存

将成品存放在供应商那里，采购时间变为零，同时，供应商不需要再存放原料，减少了运输成本。这样，供应商的原料采购等环节全都交由你去做，也防止了供应商中途换其他的供应商。你直接向供应商提供成品，为了防止缺货，可以提前知道供应商的生产计划和销售计划，这样也就不会生产过剩，降低了成本，与供应商公司形成了供应链一体化。这种做法可以吸引到更多的供应商成为你的顾客。

11. 派员工常驻客户公司

可以以协助商品开发等理由派自己公司的研究员常驻客户的研究所，在获取客户公司信息的同时，及时了解客户需求，向其推荐其需要的产品。这既是留住客户的模式，也是获取客户的模式。

12. 获得顾客联系方式，定期向其推送商品信息

通过一些不引起顾客反感的方式，如在网上询问顾客的邮箱，或者引导客户去登录自家公司的页面，从而获得顾客的信息，让顾客在有需求的时候能第一时间想到你。如果是个人客户，也可以使用脸书等社交软件。

第4章

供应链

商业模式8　生产销售一体化

● 盖璞、迅销集团、佐芙、眼镜市场、宜家等

模式概要及示例

这种模式是从商品策划、设计、生产，直到零售全部由自己公司负责的一体化方式。这样可以将库存成本、废品损失、缺货损失降到最低，同时又能控制零售价格，从而提高收益。这种模式多用于服装产业。盖璞（GAP）的创始人唐纳德·费舍尔将此模式取名为自有品牌专业零售商，即SPA（Specialty store retailer of Private label Apparel），服装界都将这种模式叫作自有品牌专业零售商。在其他行业，也将生产销售一体化的模式叫作自有品牌专业零售商。

使用这种模式的代表企业，自然还是盖璞，由自己公司策划服装产品，委托生产，在直营店销售。以盖璞为蓝本，日本诞生了全国最大的服装企业——优衣库（迅销集团），它与盖璞一样，从商品设计到零售都由自己公司一体化负责。另外，更具时尚性的服装品牌飒拉（ZARA）、H&M、永远二十一（Forever21）用的也都是这种模式。还有以前一直专注于做设计师品牌的Comme，现在正打算向自有品牌专业零售商模式转变。

除服装业外，还有一些眼镜业公司的例子。晴资（J!NS）、佐芙（zoff）、欧

迪圣（OWNDAYS）、眼镜市场（Megane-Ichiba）等采用的都是生产零售一体化模式，抢占了传统行业巨头——巴黎三城的市场份额。日用品行业的无印良品、食品行业的莎得徕兹采用的都是这种模式。以经营点心为主的莎得徕兹既有直营店铺，也有代售店铺。在家具产业，日本的两家大公司——宜家和尼达利采取的都是生产零售一体化的模式。它们以低廉的价格吸引顾客，业绩都相当可观。特别是尼达利，连配送和传单制作都由总公司一手操办，是完全的一体化。爱三希自行车（CYCLE BASE ASAHI）也是通过这个模式获得了高收益，腕表行业的创业企业 Knot，也是走生产销售一体化的路线。

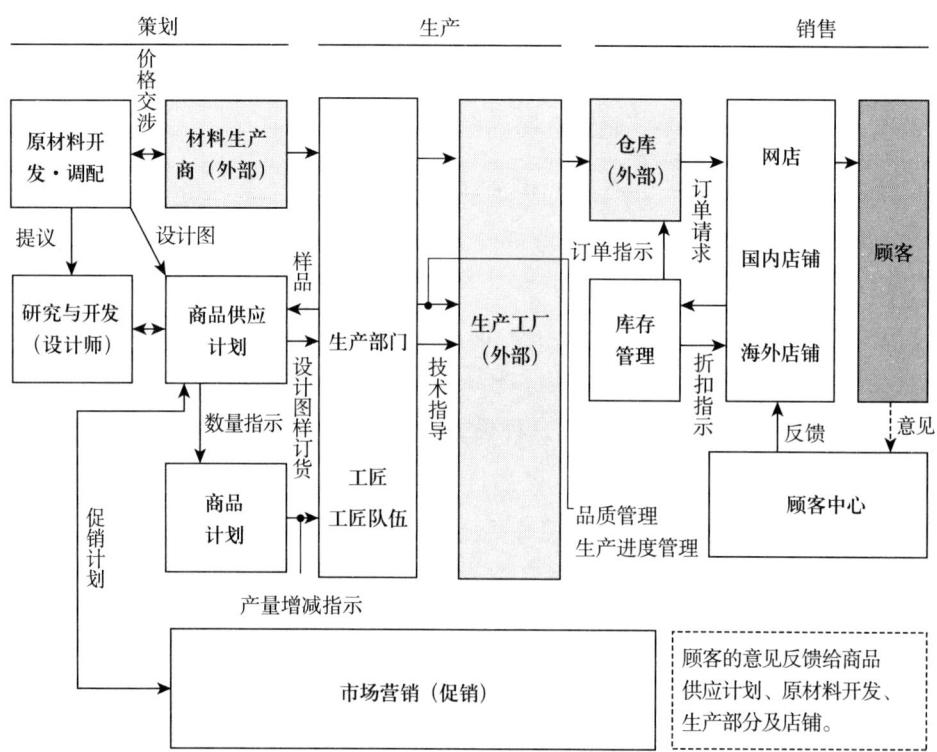

· 店铺数量日本国内841家、海外798家（2015年8月数据） · 与生产商共同开发原材料
· 总公司统一研发并制定商品供应计划 · 总公司根据商品供应计划统一下达增产、减产指示
· 选择最合适的产地 · 每周更新一次库存、生产计划（在采用SPA之前每3~6个月更新一次）

引自：ファーストリテイリングホームページ

图2-9　生产销售一体化（迅销集团使用的模式）

价值创造过程

这是一种从生产到零售全都由总公司一体化负责的模式。当然,很多采用这种模式的企业还是将生产环节外包,但产品设计一定是亲自操刀。

因为生产和销售全都自己承担,所以能根据零售和库存情况制定生产计划。在服装行业,随季节变化,有冬装、夏装、春秋装之分,每年会走两三次设计→销售这样的流程。优衣库每周都会更新一次生产计划和价格,这样能够防止多余库存的出现。这样一来,用于周转多余库存的资金可以最小化,也就不用通过打折等方式去处理多余的库存,利润自然上升。

另外,如果一件商品畅销,也能及时加产,不至于因断货造成客户流失。

仔细分析一下这种模式,可以发现它具体分为两种。一种是像盖璞和优衣库这样的企业,自己生产可以减少供应链产生的费用,因此成本低,成本低自然可以定价低,定价低可以带来更多的顾客,这种企业靠低价获得优势。另一种是像ZARA和H&M这种,有意地去制造一些畅销商品。因为自己的生产和销售是一体的,出现畅销商品,可以追加生产,能防止卖断货的情况,这是只做销售的竞争对手的软肋,所以可以提高收益。

容易被忽视的一点是,即便库存相同,对不同类型的企业来说意义也不同。如果是纵向联合①的企业,相对来说其财政上的负担要轻一些。对纵向联合的企业而言,因库存而沉睡的资金只是材料和零部件的成本,而对于零售企业来说,由于零售需要设备和人员成本,这就在产品的成本之上加大了成本,那么库存所带来的资金压力也就更大。因此,一般零售产业都只采购预计可以卖完

---

① 纵向联合:负责不同生产阶段及流通阶段的同业单位就某个专业范围的产品结合为单一的企业体。——译者注

的货。制造业则相反，它们为了获得更多的零售商以及要保证退换货的货品充足，通常会有充分的库存，采用委托销售的方式，只负责生产，销售交给别人。这样一来，供应链也就更加混乱一点。生产销售一体化模式不仅要求的周转资金少，也可以避免这种供应链的混乱。生产销售一体化，可以完全自己控制销售阶段的促销等活动，给供应链的负担也相对减少。

并且，如果只是生产，将销售环节交给多家零售商来做，可能同样从你这里采购的零售商之间先打起了价格战，导致商品价格崩溃。所有零售商都随之降低价格，会迫使商品的进价下调，威胁到生产方的利益。而生产销售一体化时，价格可以完全由自己控制，也避免了这种情况的发生。

最后一点，生产销售一体化，可以及时将在销售时收集到的客户意见反映到商品的设计上来，这在受潮流影响大的行业是很大的优势。

适合使用这种模式的企业

如果一般情况下行业内生产与销售是分开的，采用生产销售一体化的模式就能够保持优势地位。有些行业虽然生产与销售由不同的企业来做，但是像汽车产业这样，同一个厂商生产一系列的产品，不同系列的产品看似是由不同企业来经营，实际上企业之间的信息都是共享的，这样也能使供应链的运作更有效。在这样的行业，生产销售一体化模式就不那么占优势。

对于服装产业这种容易受季节、潮流、气候等诸多因素影响的行业，这种模式是最有效的。特别是受潮流影响非常大的服装和日用品产业，以前还可以由设计师来左右潮流，现在，潮流越来越掌握在大众手中，厂家很难预测什么样的商品会畅销，这种情况下生产销售一体化就非常占优势。

注意

这种模式并非单纯地将生产和销售同时进行这么简单。在运用这种模式时,需要将生产和销售一体化,要将供应链和顾客的意见反映到产品设计中去,这种管理叫作 PDCA 循环式管理[①],在这种模式中需要很好地贯穿 PDCA 管理模式。但生产与销售原本就是两种东西,迄今为止,很多只专注于其中一种的企业想要去掌控另一种,但都做得不好。为了克服生产与销售之间的各种困难,需要一个有力的领导来统筹生产与销售。

此外,这种独特的管理模式需要反复循环进行,因此贯穿生产销售全过程的信息通信技术机制也是必不可少的,这种机制的投资金额很高,所以需要有能洞见有效投资的能力。

对于已有固定销售渠道的企业来说,如果想要转变成这种模式,怎样处理已有的固定渠道是一个大问题。我建议这样的企业换一个品牌名称来使用这种商业模式。

补充

生产销售一体化模式,是一种变更传统供应链的模式。这种供应模式与传统模式不同,因此能在业界保持绝对的优势。在这种模式下,你能预先洞见行业需求的变化,这一点使你在竞争中脱颖而出。

[①] PDCA 循环式管理:PDCA 是英语单词 Plan(计划)、Do(执行)、Check(检查)和 Action(纠正)的第一个字母,PDCA 循环就是按照这样的顺序进行质量管理,并且循环不止地进行下去的科学程序。——译者注

小结

模式概要

- 从商品策划、设计、生产直到零售全部由总公司负责的一体化模式。
- 对产品供求（销售量、库存量、生产计划等）常进行 PDCA 循环式管理。
- 在销售一线收集顾客意见，及时反馈到商品开发上。

效果

- 高效运用产品开发和供应链（减少库存及废品损失）。
- 不需要给中间商支付回扣，省去与中间商交涉的时间和资金成本。
- 能将顾客喜好切实反映到产品中。
- 由于是自己生产自己销售，价格以及需求量都可以由自己把握（不会造成自己产品的经销商之间打价格战的现象）。
- 供应链大多由自己公司掌握，较易形成良性循环。

其他注意点

- 细分一下，有以下两种模式。
- 通过有效运用供应链，来降低成本从而降低定价的模式。
- 能捕捉到潮流并迅速做出反应的模式（Fast Fashion）。
- 在服装行业，生产销售一体化模式被称为自有品牌专业零售商模式，是与 SELECT 齐名的服装行业两大商业模式之一。

> **学习要点**
>
> - 由于零售业分布很密集，所以生产商的压力更大，零售商可能联合起来要求生产商降低进价或是提高回扣，如何减小零售商的这种压力是很多制造业企业共同面临的问题。
> - 供应链是企业机制中最基本的一环，能够创新，就能获得独特的优势地位。
> - 如何活用库存与价值链的关系也是关键。

商业模式9 资源的动态分配

● 川崎汽船、日本邮船、商船三井、航空业界、银行自助取款机等

模式概要及示例

资源的动态分配是指将多家企业的经营资源动态分配给适合各家企业的服务或产品,从而提高经营资源的利用率。这样做可以降低成本、提高商品质量,甚至会对价格有所影响,从而提高利润。

这种模式运用最好的行业是交通运输业。例如,在集装箱运输方面,川崎汽船与中国远洋运输集团、中国台湾地区的阳明海运、韩国的韩进海运公司共同运营,每个公司的货物都可以根据其性质在其他公司运送,非常灵活。日本邮船、商船三井在集装箱运输领域,也都与多家公司合作。现在有些公司不仅仅是合作,还在向合并发展,这样的新动向引人关注。航空业现在提供代码共享航班,代码共享航班是指一家航空公司的航班号(即代码)可以用在另一家航空公司的航班上。在出租车领域,大多存在地域形成的共同配车联盟,通过受理窗口的一条龙化和无线配车等形式让顾客在很多时候能够方便地打到车,减少了顾客的等待时间。在卡车运输业,很多公司之间都签署了拖车等车辆共同使用的协议。

除了交通运输业以外,银行的自动取款机都可以相互使用,这样不仅方便了顾客,银行也可以收取跨行费用,获得利益。养乐多和麒麟集团签署了合作协议,可以在对方的自动贩卖机上买到自家的产品。制造业领域互相委托生产的例子很多,比如,普利司通轮胎和东洋轮胎在世界各地都有工厂,共同生产径向轮胎。

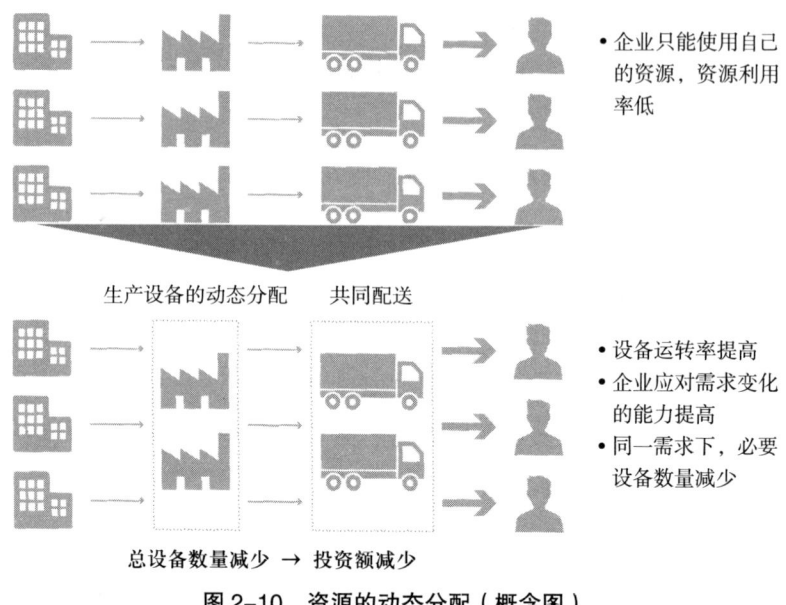

图 2-10 资源的动态分配（概念图）

价值创造过程

在资本世界中，投资出去的资本能够获得多大的收益是最根本的问题。在利益不变的情况下，如果能够减少投资资本，单位投资资本的业绩就可以提升。在资源动态分配模式下，经营资源所有权不变，企业之间共享资源，这样可以提高资源的利用率，生产同一件商品所用到的资源比一家公司自己生产用到的要少，节约了投资资本。

不仅如此，由于产品生产更加灵活，订货到交货的时间缩短，服务质量也得到了提升。随着集装箱等运输工具的标准化，资源的动态分配已经不仅仅是单纯的设备共享了，还有联合航运等多种服务。今天，资源共享模式的适用范围已经由运输业扩展到各行各业，一般的制造业也可借这种模式来缩短交货时间。

还有一点，资源共享的伙伴关系很容易发展成联盟关系，这样一来，两家公司不再是竞争关系，双方都可以提高价格，扩大收益。

为何能够保持优势

实行资源动态分配模式，在成本和商品质量上都能比竞争对手有优势。资源的动态分配是一种企业间的联盟合作模式，一旦有企业采取了这种模式，行业内的其他企业如果还是单枪匹马作战，经营一定会遭遇困难。于是剩下的企业也会采取这种合作分配的方式。然而，被动采取这种模式的企业自然没有提前挑选的企业好，所以先采取这种模式就可以挑选优秀的合作伙伴，抢占先机。

注意

这种模式本身只是一种单纯的资源共享，但是实际操作起来，设备等资源的移动、伙伴公司之间委托价格的计算等，都是相当麻烦的问题。在设备产业，很多情况下卖给顾客的价格并不是固定的（具体参考"第8章财务模型"中提到的**收益管理**），这样一来，委托价格的计算就更加复杂了。采用这种模式本来就是为了节约成本，提高收益。如果计算相互之间应付多少钱就花去很多成本，采用这种模式就没有意义了。好在随着信息通信技术的发展，企业间委托价格的计算变得没有那么困难，降低了使用这种模式的壁垒。

适合使用这种模式的企业

这种模式通过资源的相互利用，节约了设备投资成本，因此比较适合设备投资较高的行业。

之前提到，这种模式运用最好的例子是交通运输行业，随着信息通信技术的发展，商品追踪和委托价格自动计算成为可能，也会促进其他需要高额设备投资行业中资源动态分配模式的发展。在自由竞争中，很多电气业的公司共同运营同一个电源，通信业的公司共同运营一个网络，所以说在制造业，特别是设备负担很重的行业，使用这种模式的可行性很大。德国政府提出工业4.0，也是希望通过形成一个灵活的委托关系，将德国整个国家的资产生产性提高。

类似的模式

还有一些与相互委托模式类似的模式。比如，Docomo每天会接到来自移动虚拟网络运营商的网络运营委托，以及来自圣教新闻、产经新闻等报社的印刷委托，这可以看作自己公司功能的**对外销售**（本章后文示例，只是单方面的委托），也可以是多个企业的共同功能合资或是共用一个生产商。再如，Benefit One，将从顾客手中买来的疗养所和从其他公司那儿收购的疗养所，用接受委托的形式提供给客人，这种结构是一种独立的委托功能公司。还有像打车软件优步和旅行房屋租赁社区爱彼迎，都是在顾客之间提供了一个**平台**。在酒店业，很多采取**经销权**（参照第9章）方式的企业的总部，可以直接跳过这些有经营权的店铺，将客户动态分配（预约）给这些店。采用这些模式，都能与动态资源分配模式得到同样的效果，即通过接受委托的方式去取得行业的支配地位，也就是形成**专业企业**（参照第6章）。这些方式的名称虽然不同，但其实质都是通过将资源动态分割，从而提高资源的利用率或是提高服务的质量，价值创造原理是相同的。

补充

在考虑供给链时，除了**生产销售一体化**（参照第4章）这种调整供求关系的机制，还有一种很典型的机制，就是如何去减少投资金额，资源的动态分配模式很好地解决了这个问题。

资源的动态分配是一种通过合作在竞争中保持优势的模式。

| 第二部分 | 商业模式分论① 业务内部模块篇

小结

模式概要

- 是将设备和设备能力提供给其他公司或者顾客,超越所有权的概念,是一种动态分配资源的模式。

效果

- 原本闲置的设备等可以相互利用,提高了设备的使用率。
- 必要设备数量减少,投资金额也随之减少。
- 能够灵活应对定期的、紧急的设备故障。

其他注意点

- 特别适合基础设施等设备产业。
- 可以演变成设备所有者之间互相使用对方设备的模式;收购或暂存多家企业,为其提供服务的模式;可以灵活应对顾客需要的模式。
- 信息技术的广泛使用使资源动态分配成为可能。
- 如果采取拍卖设备或功能的方式,就能更有效率地使用设备。
- 工业 4.0 是将生产设备动态分割的机制。

> **学习要点**
>
> - 信息通信技术的普及,使灵活分配资源成为可能,可以预料,今后使用这种模式的行业还会增加。
> - 工业 4.0 的主要部分也属于这种模式。
> - 功能对外销售、平台等形式也成为可能。

构建商业模式的重点：供应链

保持竞争优势的三种途径

供应链是生产价值并将其传达给顾客的机制。以汽车来比喻，供应链相当于动力传动系统，是非常重要的系统，原材料的购进、生产、库存、物流等都属于供应链的一环。

从供应链下手，有三种途径可以让你在竞争中脱颖而出。第一种是通过提供使用价值的方式。因为供应链本来就是生产使用价值的机制，可以从根本上去改变使用价值。如果你的竞争对手想要做出跟你提供的使用价值相同的商品，他可能会模仿你的供应链，这就需要所用的所有材料都必须与你的保持在同样的水平，这不是可以简单做到的事，所以，具有同等使用价值的东西，不是那么容易就能生产出来的。不同的供应链能给产品质量、个性化定制、交货时间等带来本质的差异。供应链对商品质量来说是重要的，除此之外，它还能够创造出"能很快交货""可以个性化定制""方便"等价值。

第二种是通过留住顾客的方式，特别是在B2B模式下，自己公司的供应链是供应方，顾客也参与到供应链（物流、信息通信技术）之中，这样可以减少顾客流失到竞争对手公司的概率。

第三种是通过改变财务模型（成本→价格）的方式。对于企业来说，成本的很大一部分来自供应链，在供应链当中，设备投资是必要的，可以说固定资产几乎都投向了供应链。不仅如此，供应链不同可以给成本模式带来本质变化，随之在不同企业之间带来重要的不对称性。成本的改变反映在价格上，这种对手无法模仿的价格优势能使你在竞争中加分不少。

从两个方向来考虑供应链改革

关于供应链改革，可以从两个方向入手。第一个方向，是对供给面的深刻改革，"商业模式8 **生产销售一体化**"这方面的色彩就很浓厚。一旦供给得到改善，从订货到交货的时间就会大大缩短，缺货现象随之减少，库存减少，库存资产相应减少，进一步说，减少了流动资金的需要。第二个方向，减少设备数量，就是减少投资额，"商业模式9 **资源的动态分配**"所采取的就是这个方向。减少投资额，是提高投资回报率最好的方法。

供应链不仅会给企业之间带来重要的不对称性，而且很难被快速模仿，这样一来就可以在竞争中保持长期优势。在供应链中，由于对设备等的投资是巨额的，一旦投资，就很难马上放弃，而且人员、质量、培训都是特定的，一旦固定下来，要想改变就要花很长的时间。与此同时，信息通信技术系统也是以特定的供应链为前提去安装的，要想改变也需要很长的时间和很大的投资。另外，与业务内部其他模块相比，供应链更难从外部看清，这就增加了模仿难度。企业一旦确定了某个供应链，要想改变就很难了，也正是由于这一点，你的竞争对手很难去模仿你，这就是非对称性。也就是说，你采取与竞争对手不同的供应链获得了成功，也不用害怕竞争对手马上就去模仿你的供应链，因为供应链的改变，不是一时半会儿可以完成的。

对于企业来说，改变供应链是很难的，然而对于一个行业来说，最适合的供应链又是时常变化的。也就是说，一个供应链的适用期是非常短的。之所以会这样，是因为供应链受信息通信技术、物流技术等的影响很大。因此，像我们在第一部分所提到的，这对行业的龙头企业来说是一个难点，但对创业公司来说却是一个巨大的机会。

要特别提到的一点是，服务不像商品那样，可以将具体的商品生产、流通定义成供应链，服务的供应链不太好定义，但是我们可以将服务人员质量的选择、对服务人员的分配、依人员确定服务岗位这样一个价值创造的过程看作一个供应链。

从权衡、抉择角度来考虑供应链的设计

供应链中有以下几个大的抉择，我建议大家在设计供应链的时候，从以下这些抉择入手，考虑如何在竞争中脱颖而出。

• **纵向联合的程度**

在行业的纵向关系中，自己的企业到底应该参与到何种程度？**生产销售一体化**模式中，与竞争对手相比，采用这种模式的公司掌握着更多的供应链部分，也就是参与程度更高。如此一来，一体化运营虽然可以让你高度掌握产品的供需情况，但是相对来说，投资也增加了。另外，库存原价降低、实际的周转成本也在降低，就可以容纳更多的库存。

• **自制还是外包（自己生产还是向外订货、自己配送还是委托其他公司派送等）**

是在自己的公司内部生产，还是委托外部生产，在做这个抉择的时候我们大多会考虑哪一个的绝对成本低，或是哪一个生产出来的品质更优。更多情况下还是从财务角度来考虑的，根据固定成本和变动成本的变动比例，基于风险或回报率（你是选择即便数量减少也不会造成赤字，还是选择数量增加时能为你带来更大利益的）去做出选择。

• **利用哪一种资源（人、机器、店铺、电子业务系统、库存、生产能力等）**

例如，是选择用人工来完成，还是用机器来完成。每一种资源反映到财务上都会有不同的特征。如果人工完成，投资相对要少，但成本是变动的；如果用机器来完成，就需要购买设备，投资额会增多，但成本是固定的。

- **预先生产[1]和订货生产[2]**

预先生产和订货生产是不同的生产形态。预先生产是先预测需求，在没有收到预定之前就投入生产，这样库存量充足，可以缩短订货到交货之间的时间，而且扩大了批量生产的数量，减少了生产成本。而订货生产与之相反，根据订货数量去生产，虽说商品零库存了，但是生产批量变小，成本可能会提高。

- **库存位置**

如果是预先生产，把库存放在供应链上的哪个点是个问题。一般来讲，越是把库存放在供应链下游的位置，越能缩短交货时间，但是这样会使库存增多，对流动资金的要求也会增多，同时增加了运营成本。相比之下，订货生产就完全不存在库存的问题。

商业模式示例

1. 生产销售一体化

2. 资源的动态分配

具体内容请参考本章。

3. 供应商管理库存

这种模式是指将库存放在顾客（供应商）处，这样交货时间缩短，更易吸引顾客（供应商）。这种模式也叫 VMI（Vendor Managed Inventory），又叫富山

---

[1] 预先生产：产品的生产形态之一，预先设想需求而生产一定的量，根据订货从库存出货的生产状态。——译者注

[2] 订货生产：产品生产形态之一，根据顾客希望的样式或数量，每次接受订货而进行个别生产的方式。——译者注

卖药模式。由供应商管理库存旨在防止商品断货的现象发生，可以及时制订生产计划。这样虽然能吸引更多的供应商成为你的客户，同时也大幅度地增加了库存。本章也介绍到，制造商比分销商库存负担轻，所以这种模式对制造商更有利。"办公室格力高"以及富士药品的配售代理都是这种模式。

4. 订货生产

这是指在大多采用预先生产模式的行业，根据顾客的预定生产的一种产品生产形态。这会延长交货时间，但是可以针对每一个客户进行个性化定制，而且每一次交货都会将库存一扫而空，完全不用为了处理多余的库存去做促销，便降低了成本，也就能卖得便宜。这种模式被称作订货生产（Build to Order，BTO）。在笔记本电脑行业，戴尔的 Dell Model 就是直接接受顾客预定，再生产电脑的模式，戴尔凭借这个模式成长为行业内的龙头企业。Dell Model 是订货生产模式和直销模式的组合。关于**直销**，具体请参考"第 2 章获取客户"。

5. 功能对外销售

将自己公司的供应链等机制提供给其他公司，既能扩大经营规模，又能降低成本。这样不仅能比竞争对手有利，还能在主业之外获得副业收入。举两个典型的例子，爱速客乐将其配送中心提供给雅虎购物，丘比公司使用了急送流通系统公司的配送功能。特别是将能带来大规模经济效益的功能对外销售，就能获得压倒性的优势。

请参照第 1 章的目标市场定义部分。

6. 合作生产·合作配送

将能带来大规模经济效益的功能与同行业的或者是相关行业的公司合作，从而保证对合作之外的企业保持优势的模式。可果美、味滋康、日清共同使用一个配送系统，索尼和三星电子曾经一起生产液晶显示板。当然，如果两家企业直接合并，会有比采用这种模式更好的效果。但是由于种种原因，企业合并很难谈妥，所以采取这种模式，将供应链中最能带来经济效益的一环与其他公司合作，也能达到近似于企业合作的降低成本的效果。但是与企业合并不同，来自市场的竞争压力并不会因此减小。

7. 上门

经销公司和服务业会采取送货上门的模式，虽然这不是像直销模式那样直接跳过零售店这一环节就把货直接送到客户手上，但是如果送货上门的规模足够大，就可以省掉店铺，通过构建一个专为送货上门设计的配送体系来降低成本，并实现配送迅速化。在这种模式下，顾客可以享受一站式服务。从商家角度出发，直接送货到客户手上，与传统的先卖给经销商，再辗转卖给客户的方式相比，成本更低，因此可以降低价格。这种模式特别适合在店铺租金高、人手不足且配送密度高的大城市的市中心使用。随着商品房越盖越高，顾客回归市中心，这种模式更显魅力。而在小城市，由于老龄化加剧，店铺之间距离远，其实也有利于这种模式的发展。日本生鲜电商 oisix 已经是老字号了，但也在 Seven&i Holdings 这样的大型零售店里开设了网络超市专柜。

8. 麦当劳化

这是一种变更服务业的价值产生过程的商业模式。将服务交付的过程程式化、机械化，提高服务品质，让顾客放心，从而提高需求量。另外，生产过程中不再需要专家，使人员数量更易得到保证。将服务交付的一部分转移到顾客身上，成本有所降低，定价自然也可以降低。使用这种模式的最典型例子就是麦当劳，另外还有车检领域的 Kobac，二手书连锁店 Book Off，酒店行业的 Super Hotel，这种模式的应用非常广泛。但这种模式也有一个问题，由于提供的使用价值全都统一化了，可能会引起顾客的厌烦（详细内容请参考《商业模式·入门篇》）。麦当劳化与**经销权**（参考第四部分第 9 章）具有很强的相容性。

9. 信息通信技术、机器人技术的发展带来自动化

可以将传统流程中的一部分交由信息通信技术或机器人去做。在制造业中已经大规模引入了机器化生产，可以预见，今后在服务业和金融业也会大力引进信息通信技术和机器人技术。

第5章

资源的获取

商业模式10　专业服务公司

● 麦肯锡、吉本兴业、AKB48等

模式概要及示例

专业服务公司模式是指将价值主张过程交由专业的服务公司去做，这些服务公司为了提供专业的服务，就会在学徒中培养骨干人员，将这些人员安排到市场上去，再根据市场需要提拔有能力的人员，而没有被提拔的人员就会被排除到市场之外，这样就能确保在这个市场之内，服务人员的能力大多能达到一定水平。

专业服务公司的典型代表是麦肯锡和埃森哲等咨询公司。在咨询公司，一般都是从助理升到经理，再升到合伙人，在这个晋升过程中，有人升职就一定有人被淘汰。这些被淘汰的人被认为不适合这个市场，这些人最终会选择离职，另谋高就。当然这都是不成文的规则。

餐厅连锁业大多将服务提供的过程定型化、程式化，也有的企业不用固定的服务提供流程，而是采取根据员工个人能力不同的专业服务公司模式。

Global Dining 就是使用这种模式的典型,在这个公司里,没有店铺运营的固定模式。员工等级和评价也完全与工龄无关,全凭实力。这样一来,升职或是选店长不是由人事部门直接任命,而是由骨干员工开会决定。在这样的公司里,即便你已经工作了一定的年头,但如果你没有申请升职,会被认为没有干劲。

有些职业自古以来就只能由专业人士担任,例如,艺人、厨师、艺伎等行业,用的也是专业服务公司模式。

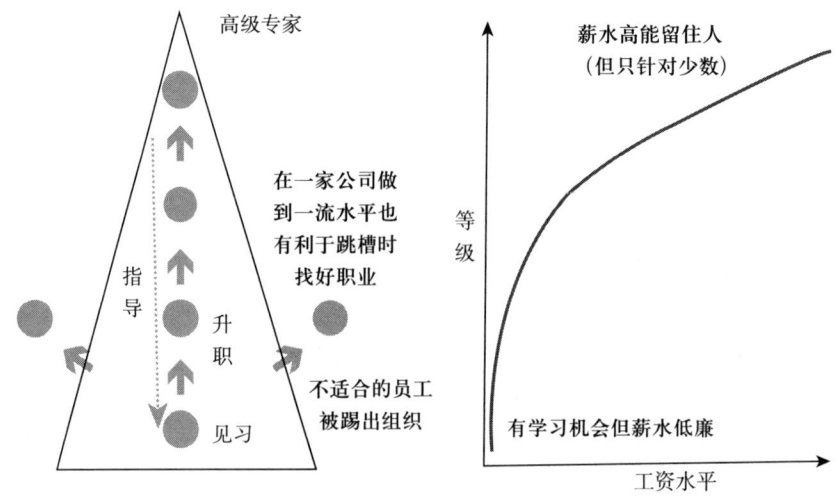

专业服务公司模式其实就是根据"不晋则退"(Up or Out)法则来选人。

图 2-11 专业服务公司(概念图)

价值创造过程

咨询或艺术等专业性强的业务,无法将其价值主张定型化,或者说价值提供的过程无法定型,价值的提供只能依靠服务者个人的能力。因此,人员的培养一定在一个师徒关系中进行,是否适合也是因人而异。在咨询和艺术等领域,选人是非常重要的,这就需要用到专业服务公司这个模式。

在专业服务公司模式下，每一位员工都必须在一定时间之内证明自己的能力并且升职，否则只能被迫离职。这种机制被称作"不晋则退"（Up or Out）。处于成长时期的员工，是在低工资下积累实战经验，磨炼自身能力，证明自己能力之后得到晋升，这时既可以得到客户高额的小费，工资也能得到提高。而未能得到晋升的人，在知道自己不适合这个行业之后，会自动离职。这种模式既能培养出有能力的专家，又能达到筛选的目的。

在实习阶段工资比较低，但随着职位的上升，工资也随之上涨。这样谁都想成为高级人才，但真正能实现梦想的人毕竟有限，所以即便给高级人才支付高额工资，整体来讲，人事费也不会增加多少，而高额薪水可以留住高端人才。

这些优秀的高级人才，如果想跳槽也能够跳到知名企业。如很多厨师在求职时会介绍说自己曾在某某餐厅任过主厨。另外像顾问和医生等职业，还能将自己在原有企业或医院积累的人脉和渠道带到新的就业单位。

适合使用这种模式的企业

专业服务公司模式适用于服务业，像咨询、艺术、高级厨师等，都是使用这种模式的典型。现在也有像 Global Dining 这种餐饮公司，混合使用专业服务公司模式和**麦当劳化**模式。专业服务公司模式是一个筛选优秀人才的模式，依靠人才资源去提高顾客的接受度，从而在竞争中获得优势。而麦当劳模式将提供的价值程式化，尽量做到任何人去做都能达到一样的效果，从而减少人工费和培训费成本。这两个模式是对立的，在服务系统建立初期，就要做好抉择采用哪一种模式。

像咨询行业这种，必须将顾客以及他所处的环境、他所要解决的问题综合起来分析，为其提供解决方案的行业。要想将其使用价值和价值创造过程硬性定义然后程式化，即采取麦当劳模式，是不可能的。制造业则正好相反，它不需要为顾客定制方案，可以像传统制造业企业一样，实行终身雇佣制。但是随着时代变化，即便是这样的企业，仅靠传统的终身雇佣制和依次递减的薪水曲线已经无法在竞争中取得优势，因此这些企业至少是这些企业的咨询部门应该独立出来采用专业服务公司模式。

注意

从员工角度来看，这是一种逼着员工辞职的很残酷的模式。所以运用这种模式的企业，在员工刚进公司的时候，就应该向员工讲明这种模式，并在得到员工认同的基础上去实施，否则很可能被员工以违反劳动法规为由告上法庭。不过对于员工来说，如果真的是不适合该行业，比起一直在这个行业默默无闻地做不出成绩，早点退出去其他行业反而是好事，但是这一点要得到企业的所有员工的认同才行。

还有之前也提到的一点，专业服务公司模式与终身雇佣制是水火不相容的，企业在采取这种模式时一定要深刻明确这一点。

类似的模式

专业服务公司模式的"不晋则退"，是一种让员工先从基层做起，通过高级人才的指导，一段时间之后来判断员工是否适合这一行业，选择有能力的员工的模式。但有时候，在筛选人才时所用的市场，与选定了高端人才之后这些人才能创造出利益的市场，并不是同一个市场。

如吉本兴业公司首先让艺人在低廉的小剧场表演，从中选择观众喜欢的艺人再送去演艺圈发展。AKB48等偶像团体也是这样发展起来的，从剧场表演中选出受观众欢迎的,再将她们送上电视。商业模式 16 会讲到的**多窗口**模式,指的是根据经营资源的优劣去更换市场,而这里提到的这种模式正好与之相反,由先行市场选出资源,再投入后续市场中去。可以看到,筛选专业人才其实有很多方法。我们需要根据各个行业的特性,在不断尝试中,找到最适合自己的商业模式。

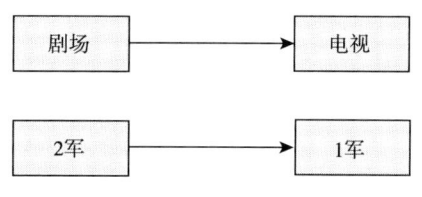

在一个有限的市场内选择人才的模式

图 2-12 **专业服务公司 其他用来选择资源(人才)的机制**

补充

专业服务公司模式是一种将人才筛选与保持竞争优势紧密相连的模式。在市场多样化、同质化、商品化的今天,人才是唯一不会被同质化的经营资源。准确选择并留住合适的人才的机制是保持竞争优势的基础。对于服务业而言,特别是对于专业服务公司来说,能够培养、筛选有能力的人才,是事业成功的关键。

专业服务公司模式是一种运用人才这一经营资源的生命周期的模式,希望大家能够好好学习。

小结

模式概要

- 雇佣没有经验的员工,在培养他的同时,用"不晋则退"模式来筛选人才。
- 通过给少数高端人才提供高薪的方式来留住高端人才,同时,激励底层的员工力求上进。刚进公司时工资要给的相对较低,以控制劳动力成本。
- 离职的员工也可以继续作为服务销售渠道来利用。

效果

- 有选择地去培养高端人才,留住这些高端人才,自然能在竞争中占据优势地位。
- 在实战中筛选人才,这样选出的人才具有较高的能力,对外竞争力也强。

其他注意点

- 适合以人才为中心的产业。
- 在终身雇佣制根深蒂固的日本来实行有一定难度。

学习要点

- 这是一种与**麦当劳化**模式完全相反的模式。在服务业,需要选择如何使用人才这一经营资源。
- 这种模式的中心在于挑选人才,但这不仅仅是一个挑选人才的模式,与渠道等机制也有联系。
- 人才资源是永远不会被同质化的资源,如何选择人才决定了企业的最终价值。随着时代的发展,例行公事式的工作一定会减少,对高端人才的需求更大,所以这种模式也可以为专业服务领域以外的企业提供参考。

专栏　V4 框架和四盒模型

在本书之前,业界也有很多为描述、分析商业模式而构建的框架,其中一个广为人知的框架叫作 V4 框架。这一框架是阿尔德贝(Al-Debei)和 Avision 在他们的著作中提出的,指的是在商业模式中最重要的四个要素。

- Value Proposition: 价值主张
- Value Architecture: 价值体系
- Value Network: 价值网络
- Value Finance: 财务

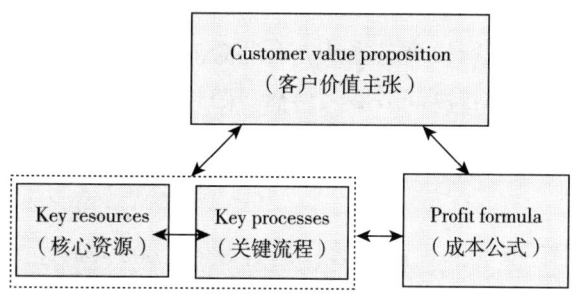

图 2-13　四盒模型

除 V4 框架之外,哈佛大学教授马克·约翰逊(Mark Johnson)提出的四盒模型也是一个很好的分析商业模式的框架。所谓四盒模型是指图 2-13 中的四个要素。这两个模型的"主张"和"财务"其实是一样的,不同的是 V4 框架中的"体系"和"网络"在四盒模型中用"资源"和"流程"来表示。而"体系"和"网络",其实就是本书前面已经反复提到的结构和推动力。

这些模型可以看作为了使商业模式更好地发挥效用的工具,它的缺点之一是基本上只能在公司内部使用,使用范围较为狭窄,也无法用来获取客户,另一个缺点是它无法用于企业之间合作。

商业模式 11　企业风险投资

● 谷歌、英特尔、三星电子、格力、日本电通等

模式概要及示例

由企业设立资金进行的风险投资叫作企业风险投资（Corporate Venture Capital，CVC）。风险投资是指，对新兴企业，即成立不久、具有巨大竞争潜力的企业进行投资，随着这些企业的成长获得高收益的一种投资活动。一般情况下，风险投资是由专业人士去募集、以基金的形式进行的，而企业风险投资则不同，它由企业出资进行投资。当然，有些企业风险投资也有外部的资金，但大多数还都是用的企业自己的资金。普通风险投资大多数是瞄准了高收益这一点，但企业风险投资的主要目的是，将投资对象所拥有的技术以及商业策略等用于自己的企业。

运用企业风险投资模式的代表，是谷歌在2009年设立的GV（原Google Ventures）公司，GV公司截至2015年底一共动用了24亿美元，对252家企业进行了投资。还有，研制中央处理器的英特尔公司设立的英特尔投资、通信行业的美国高通公司设立的高通风险投资、三星电子设立的三星风险投资、企业管理解决方案软件企业思爱普公司（SAP）设立的SAP Ventures等，都是运用企业风险投资模式的代表。

与欧美相比，日本企业风险投资的设立没有那么活跃，但是最近有所发展。富士电视台的富士创业、电通的电通创业、NTT Docomo的Docomo创业基金、瑞可丽（RECRUIT）的瑞可丽孵化合作伙伴（Recruit Incubation Partners）、格力的格力创业、凯迪迪爱公司（KDDI）的凯迪迪爱开放创新基金、雅虎日本的雅虎日本资本（YJ Capital）等都是企业风险投资的典例，现在在日本，企业风险投资已经成为一股潮流。

第二部分 | 商业模式分论① 业务内部模块篇

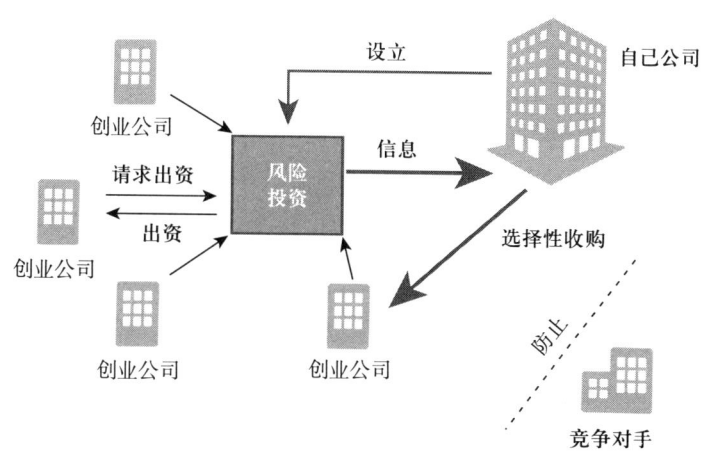

图 2-14 企业风险投资（概念图）

价值创造过程

企业进行风险投资，总的来说通过两种机制为企业带来价值。

第一种，通过企业风险投资的设立和运营，与创业公司取得联系，并能够了解到其拥有的技术和商业策略，这样就会比对手公司有利。从创业公司的角度出发，创业公司缺乏资金，它非常希望能够联系到提供企业风险投资的企业，这样一来，它会主动去联系提供风险投资的企业，并让企业了解到它的真实技术和商业策略，而这些东西，比从侧面了解到的要可靠得多。另外，通过对其投资可以了解到创业公司的经营情况，能够详尽地知道创业公司的技术和商业策略是否有市场。如果其技术很好且非常有市场，可以看准时机将其收购，或者买进它的大量股份，成为它的大股东，这样也可以阻止对手对它控股。

第二种，由企业去进行风险投资，企业多少可以照顾着创业企业一点，这比基金投资好多了。获得大企业的投资，可以提高创业企业的信誉度，更容易获取客户和招聘人才，投资企业也会给创业公司提供顾客信息、渠道信息、生

117

产设备、技术等，帮助创业企业发展。

这些好处可以通过对少数创业公司投资来实现，这对投资企业来说没有大的风险，并且创业公司一旦发展起来，投资企业就可以获得高收益。既有利于发展本公司的业务，也能获得高回报。

为何能够保持优势

从投资企业的角度来看，通过企业风险投资，可以先于竞争对手获得创业公司的新技术和商业策略。大企业的公司内部组织容易僵化，比较难在公司内部产生新技术和商业策略；但是大企业有资金，可以从外部引入新的技术和商业策略。在很多经营资源都商品化的今天，先于竞争对手获得创业公司的新技术和策略，能够带来很大的优势。世界上的创新大多是发生在自己公司之外的，那么，如何将公司外部的创新技术有效地引入自己公司，决定了在竞争中地位的高低。

适合使用这种模式的企业

要想进行企业风险投资，必须要有能对多个公司投资的资金，另外，投资公司还要有专门负责企业发掘、投资业务、销售的人才，所以，能进行企业风险投资的公司，必须是大公司。如果以有限责任合伙人的形式参与外部基金设立的创投基金，也可以得到投资对象的信息，但是竞争对手也可以作为有限责任合伙人参与到同样的创投基金上来，所以并不能达到企业风险投资那样的效果。

以技术和专利取胜的行业，具体来讲有制药、软件、通信、半导体、媒体/娱乐等，这些行业的很多公司都在进行企业风险投资。在技术、专利、商业创意是成功关键的行业，应该采取这种模式。

注意

在企业风险投资模式下,投资公司很可能因过于重视自己公司的事业,而忽视风险资本的业绩。这是因为投资公司大多只投资与自己业务相关的企业,在选择投资对象的时候,会尽量考虑到对投资公司的利益。之前提到的使用企业风险投资模式比较成功的例子如 GV、戴尔风险投资都是既对投资公司的业务做出了贡献,又重视了风险资本的业绩。谷歌风险投资就帮助谷歌避免了被竞争对手收购。

如果风险投资资本的业绩太差,会影响风险投资能否继续做下去,因此企业还是应该努力提高风险资本的业绩。

补充

企业风险投资是一种为引进新的技术和商业策略的模式。引进新的技术和策略,也可以看作对企业的生命周期管理。对于有生命周期的业务,应尽量对周期前端进行改变,如技术和策略。这种模式说白了和前面讲到的选人才的模式是一个道理,吉本兴业和 AKB48 等娱乐行业的企业设置小剧场选拔人才,企业风险投资也是如此,设立企业风投资金,选定一些创业企业投资,在投资过程中,筛选出创业公司对自己企业有利的东西并吸收进来。

对于企业来说,建立一个引进技术和商业策略的机制是十分重要的,不仅限于企业风险投资这一种模式,企业应该去探索技术和策略的引进渠道,定期开展会议。企业的研发部门负责的不仅仅应该是开发新的技术,还应该有早于其他公司发现新技术和新策略并把其引进自己公司的能力。

小结

模式概要

- 自己设立、运营风险投资。
- 可以得到风投对象即创业公司的信息,可以适时收购。

效果

- 可以抢先其他公司了解与创业公司相关的最先进的技术和商业潮流,也可以抢先了解这个市场的发展前景。
- 收购投资对象,可以防止你的竞争对手也去收购,这样的收购是对自己有利的。

其他注意点

- 企业进行风投,投资收益只是一个次要的目标。
- 如果自己公司无法独立进行风投,也可以作为有限责任合伙人参与到其他企业或是基金设立的风投中去,虽然这样的效果不及单独投资好,但还是可以获得一定的收益。

> **学习要点**
>
> - 这是引入除了人才之外的信息、商业策略等经营资源的模式。
> - 引进这些资源不应局限于在公司内部构建机制,还应常常去探索重要资源的引进渠道。

构建商业模式的重点：资源的获取

竞争并不是只在市场之内进行

资源的能否获取，决定了业务完成的优劣。获取资源的机制，是保证并筛选经营资源的机制。资源获取模式，也是将外部资源引入，并输送给供应链的模式，它决定了商品价值的品质，与供应链紧密相连，其结构又与获取顾客的机制相似，都是从外部进入内部的一个通道。

很多人认为与对手的竞争只在市场上进行，但是，如果能够先于对手获得稀缺的资源（经营资源），就是胜利。因为一旦对手缺乏这些稀缺资源，在价值主张的品质上会落后一大截。传统经营学只把焦点放在与战略相关的市场上，将资源的获取单纯地作为业务上的问题来考虑，实际上，特别是在考虑同一行业内的竞争的时候，经营资源的好坏直接决定了竞争的胜负。

这里所说的可以成为关键因素的经营资源，必须要能与竞争对手有一定差距，所以不能是钱、商品这类的东西。因为这些东西谁都可以以市场价买入，即便去建立引进这些资源的机制（从业务上将是必要的），也无法在竞争中占据优势。因此，这个模式中所指的资源是，能与其他公司不同的资源，像土地、建筑物等不动产，人，技术，信息，合作对象，收购对象，为造出特殊的船、船台的使用顺序等。这些资源的优劣直接影响与对手竞争的胜负。不过，很多由国家分配的资源，如机场的起降地点、无线通信的周波数、矿物的矿业权等，企业不易参与其中。如果能构建一个引进这些资源的机制，便能够在竞争中遥遥领先于对手。

经常有研发部门的人问我："今后会流行什么样的商品，我们应该要开发什么样的技术？我们现在想做一个情景规划。"当然，像情景规划这种对未来的预测十分重要的事，与有经验的外部人员一起进行情景规划也非常有意义，但我的建议是，在这之前先构建一个将相关技术引进自己公司的机制。获取客户不是某个员工个人的问题，而应该从企业层面去构建获取客户的机制。同理，也应该构建获取技术、商业策略等经营资源的机制。在本章的**企业风险投资**部分可以看到，先进的企业都在积极地构建这种机制。

商业模式示例

1. 专业服务公司（人）

2. 企业风险投资（技术信息）

具体内容请参考本章。

3. 构架获取资源的渠道（人、不动产、技术、收购对象等）

与顾客相同，资源也是会流入公司的，所以我们也可以将其定义为结构和推动力。例如，要收购土地、建筑等不动产行业的公司，你可以将主要的房地产公司作为一个渠道，定期与其召开会议，这样就可以在其信息公开之前获取相关信息。如果要选择收购对象，首先你要弄清楚想收购的这几家公司平时都是在哪家银行办理业务，然后跟这家银行取得联系，想办法跟它定期交换信息。

4. 建立并运行附属学校（人）

创建企业的附属学校，这样既可以由自己确定教学内容，还可以了解学生是否适合这个行业。通过奖励优秀的学生等方式，让其到自己的公司来工作。学校要收学费，所以创办学校对公司来说负担并没有想象的那么重。吉本兴业为了满足自己在业界的人才需求，开办了专属的艺人培训机构——综合艺能学院；宝冢歌剧团也开办了宝冢音乐学校，这些都是企业开办学校的典型案例。以人才为竞争要素的企业可以采取这种模式，例如，全日空收购了飞行员培养学校泛美国际飞行学院。除此之外，包括制造商在内很多企业都有自己的附属学校。

5. 根据二级服务来选人（人）

之前介绍过，吉本兴业和AKB48都是先在剧场选择合适的人才，再让她们参加电视节目，这个模式也与之相同。现在很多服务业的企业都是先提供价格低廉的服务，让员工先去销售这些产品，并考察他们的能力，将能力强的提拔为一线员工，去销售一线产品。专业棒球选手也是先从预备选手再到专业选手，挑选艺伎也是如此。航空公司会派遣空乘员先去派遣公司工作，根据其表现考察其能力，录取能力强的员工来总公司上班。具体请参考本章"商业模式10 **专业服务公司**"部分。

6. 聘请在行业内有影响力的人来当顾问（信息）

聘请有很多信息来源的业界前辈、掌握行业信息的人来当顾问，定期与他们交流信息，这样可以保证信息来源。这种模式适合金融咨询行业。

7. 建立客户社区并收集顾客创意（信息）

通过创建、运行客户社区，可以收集到顾客各种各样的创意，再将这些创意反馈给研发部门，这是一种信息流入的机制。具体请参照第二部分"第3章 留住客户"部分的"商业模式6 **建立客户社区**"。

贯穿业务整体的机制、流程篇

BUSINESS MODEL

第三部分 商业模式分论②

第二部分是业务内部模块的机制，第三部分将介绍几个贯穿业务整体的机制、流程，把握好了这部分，同样能够在竞争中把握优势。

第三部分主要有三个内容：良性循环、生命周期、财务模型。在这里先简要介绍一下。

第 6 章良性循环。顾名思义，业务各要素之间的因果关系，是一个积极的、正面的循环。因为有这样一个良性循环，其他公司不太容易模仿，你可以一直保持竞争优势。良性循环与顾客及资源的获取一样，都是保持竞争优势的源泉。

第 7 章生命周期。在这里利用的是商业活动中每一个要素在不同生命周期的要点，利用好这些能够洞察市场上的潮流，对事业的发展大有裨益。

很多商业模式的研究者认为"良性循环"和"生命周期"不是独立的商业模式。但是我认为，利用这种模式可以在竞争中保持优势，且这都是有固定模式的，也就是有再现性，所以我还是把这两种模式作为独立的章节来论述。

第 8 章财务模型。有资金企业才能运转，而且企业运转的最终目的还是获得收益，所以财务模型非常重要。财务模型分为如下三大模型：收入模型——与收入、价格相关，能让顾客感觉出你与其他公司不同；成本模型——间接支持价格优势和利益；全体财务模型（利润模型）——对上述模型进行统合。本章也是归类讲解，让读者对其主要类别有一定的掌握。

第6章

良性循环

商业模式 12　聚合

● 日本价格网、格诺西、BLOGOS 等

模式概要及示例

聚合是指按照一定标准从原本分散的几个企业中收集和选择价值主张和资源，为顾客提供一条龙服务，便于顾客比较、选择、查找和把握商品。聚合与综合不同，综合是指将收集到的价值整合在一起成为一个整体，而聚合是指按照一定的标准去收集整理一些资源，并没有很多后期加工程序，只是单纯地把现有的资源收集整理一下。

根据收集的价值和资源的种类，聚合又可以分为很多种，很多情况下，聚合是以网络服务的形式提供给顾客的。比如，聚合中的一类，数据聚合，具体是指有选择地收集特定类型的数据。例如，日本价格网（kakaku.com）将商品的价格信息收集在一起，加以比较，提供给顾客。基恩士旗下的子公司 ipros 分行业收集制造业、建筑业的等行业的信息，帮助有技术需要的顾客与技术所有者进行对接。收集新闻并将其展示出来的聚合叫作新闻聚合，策展[①]媒体也是

[①] 策展：curation，即策划、筛选并展示的意思。——译者注

新闻聚合的一种。新闻聚合做得比较好的有格诺西（Gunosy）和 SmartNews，都是将新闻有选择地收集整理之后，提供给用户。美国的赫芬顿邮报是一个典型的新闻博客网站，里面的一个专栏 BLOGOS，专门刊登名人和政治家的博客。除此之外，还有很多其他种类的聚合网站。在团购聚合网站行业有一个有趣的例子 AllCoupon，这个网站上都是 Groupon 等各种团购网站的信息。招聘网站，如全球最大招聘信息搜索引擎 Indeed 是将各个公司的招聘信息集中起来刊登在自己的网站上。学术论文的搜索引擎线上提供论文的电子版，可以根据学者的姓名检索到其论文。

还有一种稍微有点变化的聚合，电气行业为了改善需求曲线创建的节省一瓦电（negawatt）聚合。由于电气无法储存，所以电力供应设备都是按照高峰时期的最高需求建设的。因此，如果能够减少高峰时期的电力需求，就能够大大节省设备资源。为了减少高峰时的需求，一些小型企业或个人是可以在这个时间暂停使用空调和冰箱等电器的，negawatt 聚合就负责收集这些人的信息，将其提供给电力公司。

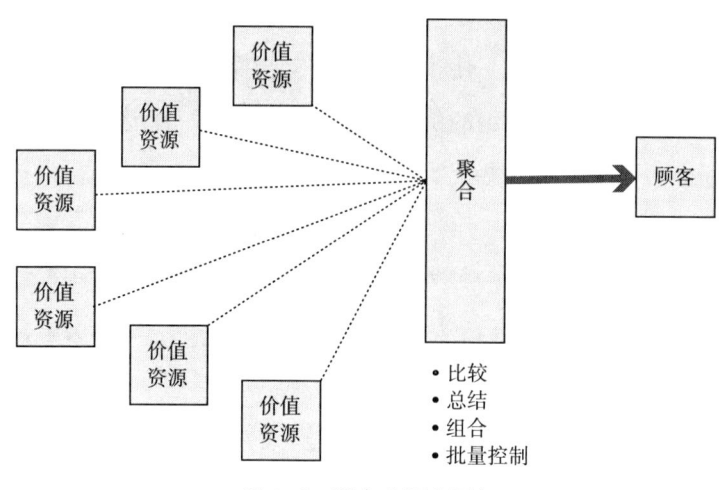

图 3-1　聚合（概念图）

价值创造过程

聚合模式是将零散的价值和资源批量提供给顾客，便于顾客比较、挑选、控制。因其信息全面且方便，顾客便不再直接去找原始商家，更倾向于选择聚合网站。从原始商家的角度来看，聚合网站能够吸引到更多的客户，如果把自己商品的信息放在聚合网站，有利于它增加客户量。由于这样的良性循环，原始商家也都倾向于与聚合平台合作。而且原始商家与聚合平台之间的合作，仅仅是一种引用其信息的关系，对原始商家来说有利无害。

聚合平台本身要做的，只是收集整理信息的工作，并不参与直接的生产过程，也不需要提供资源，所以投资成本是极小的。

聚合模式的出现，也与当今社会信息泛滥、简易信息聚合、机器人搜索引擎以及自动剪辑等技术的发展分不开。另外，智能手机和平板电脑的普及也推动了聚合模式的发展。因为没有键盘，要想在关键词极少的情况下得到想要的信息，就更需要这样的聚合网站。

为何能够保持优势

聚合网站能收集到的信息越全面对顾客就越方便，就越能吸引到顾客。

顾客增多之后，原始商家都想与聚合网站合作，这是一个良性循环。这种良性循环是竞争对手无法超越的。

适合使用这种模式的企业

聚合模式能将零散的价值和资源整合在一起，使之发挥效用。现有聚合模式收集的对象大多是信息，但是今后，收集的对象会扩展到社会的方方面面。

目前，"保险的窗口"所采用的模式便有这种聚合的思想在里面，财经信息检索平台 SPEEDA 采用的就是收集信息（聚合）并加以分析，提供给顾客的模式。像这种收集大量数据并要加以分析的情况,由于分析逻辑性的短缺导致不是谁都能做,所以说如果可以做,就可以在竞争中获得优势。我们要在理解聚合模式内在的推动力的基础上,去考虑收集分析这件事。或者可以理解为"大数据=数据收集+分析"。

注意

聚合模式所需的经营资源比较少,所以采用这种模式并不是那么难,但也正因为如此,才会出现很多的竞争对手。

采用聚合模式的企业之间的竞争,实际上争的就是谁能够离顾客最近,即成为顾客获取信息的第一手途径。SmartNews会从赫芬顿邮报收集新闻;AllCoupon也会从原本就采用了聚合模式的团购网站Groupon那里收集信息,聚合资源本身也会成为被收集的对象。所以,采取聚合模式的企业必须始终牢记:一定要成为对顾客来说最具有吸引力,最让顾客放心的获取信息的第一手资源。

如果某一市场已经有做得非常成熟的整合网站,后起的企业要想与这些成熟企业抢夺市场,就应将自己整合的对象集中在一个很小的领域,在这领域之内与其竞争。

说到后起企业如何打入市场,这里举一个有趣的例子,就是SPEEDA进军新闻聚合市场的例子。早在SPEEDA之前,就有SmartNews和格诺西等手机新闻客户端,SPEEDA也做了一款新闻类应用NewsPicks,这款软件的特色在于它会在新闻后面附上专家的评论,用户可以去了解、追踪专家的评论。这种模式在单纯的聚合之上加入了附加价值,这种附加价值就是专家的评论,而专家是一种稀缺资源,所以不容易被模仿。各位想要采取聚合模式的朋友们可以参考这种做法。

补充

聚合模式可以在原始资源所有者和用户之间引发一个相互作用,所以,我们也可以把聚合看作一种**平台**（参考后文外部良性循环）。大家在构建商业模式的时候，可以考虑采用这种会带来良性循环的模式。

聚合模式是随着互联网技术和无线技术的发展出现的一种典型模式。可以预见，今后聚合模式会在各个领域大放异彩。如果你所在的领域今后一定会出现聚合模式的话，希望各位能够成为行业内领先采用聚合模式的企业。

小结

模式概要

- 将原本分散的业务和功能一次性提供给顾客，便于顾客比较、挑选、一次性购买最合适的商品。
- 伴随着买卖、预约、管理等交互逻辑。

效果

- 顾客不直接与每个价值生产者或功能进行交易，而是与聚合方交易（选择范围增加，可以一次性购入所有必要功能）。
- 如果整个行业都采取了这种模式，那么个别业务所有者也会与聚合方合作，在聚合平台上的业务所有者越多，就越能吸引顾客，这是一个良性循环。

其他注意点

- 属于平台的一种。
- 与互联网的相容性很高。
- 是一种中间方模式，相对来说较容易构建。

> **学习要点**
>
> - 随着互联网技术的发展，这种模式的使用范围会越来越广，是平台的一种。
> - 从这种模式中可以了解到良性循环为企业带来的活力。

商业模式 13　专家

● 提爱斯信息系统有限公司、世界堂、加达利电子、野村综合研究所等

模式概要及示例

专家是指在某种技艺或学问等专业方面具有渊博知识和精湛技能的人。专家模式指的是使自己的企业成为行业内的专家，利用自己独有的知识和技能来吸引更多的订单，订单增多，反过来又能磨炼自己的技术，形成一个良性循环，从而使企业在竞争中保持优势的模式。

很多咨询公司都想在某行业被誉为"专家"。这样一来，利用"专家"这一名声，就能拿到更多的订单。专家遍布策略、会计、供应链、市场营销、信息系统等多个管理领域，还有服务业、制造业等多个行业。再细分还会有服务市场营销、微商的供应链构建等领域。公司所在的领域越小，市场就越小，但是反过来，想成为行业第一也就越简单。

系统集成商[①]也是分领域的。例如，提爱斯信息系统有限公司（TIS 株式会社）擅长的是化学领域，英德知联市场咨询有限公司擅长司法相关的系统。东洋工程株式会社主要做生产计划和生产实行领域。很多企业都像这样主攻一个领域，最后成为这个领域的专家。

贸易公司和零售行业也有很多主打某个领域的公司。它们增加在某一专门领域的备货品种，从而吸引有这些专业产品需求的顾客，这些顾客会对产品提出更加专业的要求，商家便能得到更加专业的知识，使自己成为这个专门领域的行家，从而把生意做大。日本的画材集中地世界堂出售所有种类的

[①] 系统集成商（System Integrator）是指具备系统资质，能对行业用户实施系统集成的企业。——译者注

画材,凭借这一点吸引顾客。很多旅行社也是根据地方特点在各地设置专门的代理店,如墨西哥代理店、俄罗斯代理店等。这些店能给顾客在这个地方最通用的建议,而且能够有效地调配当地资源,因此能够吸引到很多顾客。

运输业等行业也可以只专攻一个行业。例如,加达利公司(Katolec)就是专门运输美术品,在美术品的运送和保管方面是专家。

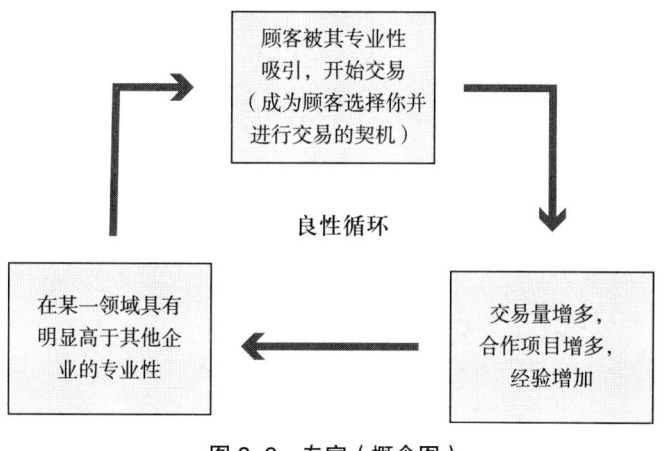

图 3-2 专家(概念图)

价值创造过程

采取专家模式能够通过其拥有的专业知识和技能带来良性循环,因此能在行业内保持优势。

如果在某一领域拥有了专家级的知识和技能,就能节省许多营销成本。如果我是顾客,一旦有什么需求,我首先想到的一定是去找这个领域最顶尖的企业,所以说如果可以成为行业内最顶尖的企业,顾客会主动与你联系。如果你的企业在行业内是众所周知的专家,那有需求的顾客就都会来找你。顾客在选择企业的时候,要考虑的一个非常重要的因素是,这个企业是不是有明显高于其他企业的知识和技能,即这个企业是否是这个领域的专家。一旦成为这个领域的专家，有一定的名声之后，你的公司就会接到更多的订单，而做的订单越多，公司在该领域积累的专业知识和技能就会越丰富，公司就会更加专业，从而带来更多客户，这是一个良性循环。

经营方也希望自己的企业能够成为业内的专家。因为想成为这个领域专家的人才也希望能够在能接受良好指导、能积累经验、有发挥能力的机会的公司工作。如果公司是行业内的专家，就能够吸引更多人才来工作，并且其他公司无法提供给他们这样锻炼的机会，因此他们不会跳槽去其他公司，这会使持续留住人才成为可能。

为何能够保持优势

专家模式之所以可以让你在行业内保持优势，是因为你的公司牢牢掌握了技术，这些技术不会流向其他公司。一旦成为专家，有了名声，会产生一个良性循环，其他企业便难以望其项背了。

适合使用这种模式的企业

领域越小的企业，采用这种模式越容易产生良性循环，所以对企业的规模没有大的要求。因此，这种模式很适合中小企业。

不仅如此，使用这种模式，可以与行业内的大规模领军企业对抗。虽然大型企业可以通过大规模生产降低成本，从而拥有价格优势，但由于你拥有专业的技术，产品靠品质取胜，所以即便定价高一点，同样可以吸引到客户。

同一企业可以在多个领域成为专家，所以比较大的企业也可以采取专家模式。很多时候，同一品牌在多个领域是专家，但是顾客涉及的也就只是其中的一个领域，所以顾客也将其视作一个领域的专家。野村综合研究所在金融行业、零售行业的咨询和系统构建方面都是专家，各个行业的客户，就将其看作自己的王牌咨询公司。

注意

这种模式因其专业性带来良性循环,其对象领域越小,效果越好,但是对象领域小与企业的成长是相悖的。企业迫于营业额的压力,会不断地扩大自己的经营领域,但是这样就失去了专业性。越是小企业,或者说越是刚起步的企业,越容易对客户说,"什么都能做,什么都做",而这样就会什么都比不过大企业,导致满盘皆输。越是规模小的企业,越是能专注于某一个小领域,在这个领域内做成日本第一,世界第一。

必须注意,一旦在缝隙领域成为专家并广为人知之后,容易在市场上给人留下只做这一个领域的强烈印象,便较难在其他领域开展业务。极端情况下很可能被人认为是其他领域的门外汉,觉得你一点都不懂。

还有,即便在日本市场确立了专家的地位,但是放到国际市场上去,仍有很多外国的专家企业竞争。这些企业也可以进军日本市场,这时,如果你没有针对本土市场的非常独到的见解,就容易被这些企业抢占市场。所以说,如果你没有一种适用于全球的专业性,就很容易受到国外企业的威胁。因此,应该在本土市场确立专家地位后,努力在国际市场确立专家地位。

最后一点,有专业知识的人才如果集体辞职去开公司,或者组团跳槽到其他公司,反而会一下子就失去自己公司在行业的领先地位。

补充

专家模式和规模经济都是通过一种良性循环来招揽更多的顾客,但是仔细分析会发现,规模经济是通过大规模生产、降低成本带来良性循环,而专家模式是靠提高产品质量带来良性循环,从这点来看两者不同。这两种模式的产生条件和运转机制都不同,各位在选择商业模式时,应根据自己公司的规模以及竞争对手所利用的循环模式来选择最适合自己的良性循环模式。

小结

模式概要

- 专攻一个领域，在这一领域做遥遥领先于同行的产品。
- 必须具备有专业性的资源（人才、技术等），而且要向外界证明只有你有这些专业性的资源。

效果

- 在这一领域有需求的客户会主动联系你。
- 如果集中做某一领域，会变得更加专业，更能吸引到更多的客户。
- 能募集到想在这一行业大放异彩的专家。

其他

- 这是打破一般行业垄断的一种手段，与"商业模式2从高端产品、低端产品入手"类似。

> **学习要点**
>
> - 主要是通过知识、技术和信息等专业性的东西形成良性循环。
> - 这种模式是靠公司的实力去实现良性循环，所以良性循环不一定靠规模。
> - 所谓专业性的东西不仅限于知识和技术，也可以是收集某一专业领域的数据，只要这些数据有价值，就会有顾客想要，在数据和顾客之间搭建平台也是一种很好的模式。

商业模式 14　专业企业

● 鸿海精密工业、NTT Finance、急送流通系统公司等

模式概要及示例

专业企业模式是指专攻价值链中的某一功能，通过这个功能可以获得压倒性的大规模，规模增大，就可以积累更多的经验，从而带来良性循环。"专业企业"这个名词，是由大型咨询公司波士顿咨询公司命名的。价值链解体的现象叫作解构，专业企业模式正是解构背景下出现的模式之一。

例如，以前的电机产业，从产品设计、生产到营销都由同一公司完成，现在则由不同的企业完成。鸿海精密工业就是专攻生产这一环节，拥有了非常大的规模。苹果、任天堂等大企业都委托鸿海进行生产，因其规模比起其他企业有压倒性的优势，成本很低，电机产业基本都交由它生产，具有其他企业无法比拟的优势。同样，在半导体行业，半导体的生产、设计、销售都是由不同的企业来进行的，制造基本上都是交给台湾积体电路制造股份有限公司去做。

过去，音乐厂牌都是自己去生产唱片和 CD，现在由三菱商事和东京电化合并而成的 Memory-Tech（日本著名光盘复制厂商）向每一个音乐厂牌收购了其生产功能，自己成了日本最大的 CD、DVD 制造商，也就是专业企业。NTT Finance 属于 NTT 集团，NTT 集团拥有众多客户，很多公司把计费功能委托给 NTT Finance 来做。NTT Finance 为客户提供一站式的计费服务，希望成为提供计费功能的专业企业。以前食品加工企业都是各自把商品配送到各零售商，现在急送流通系统公司与丘比（Kewpie）等著名的食品公司都签署了配送协议，

专为食品公司提供配送服务。现在在 3PL① 企业排名中，急送流通系统公司在食品类排第一、所有类别中排第四。

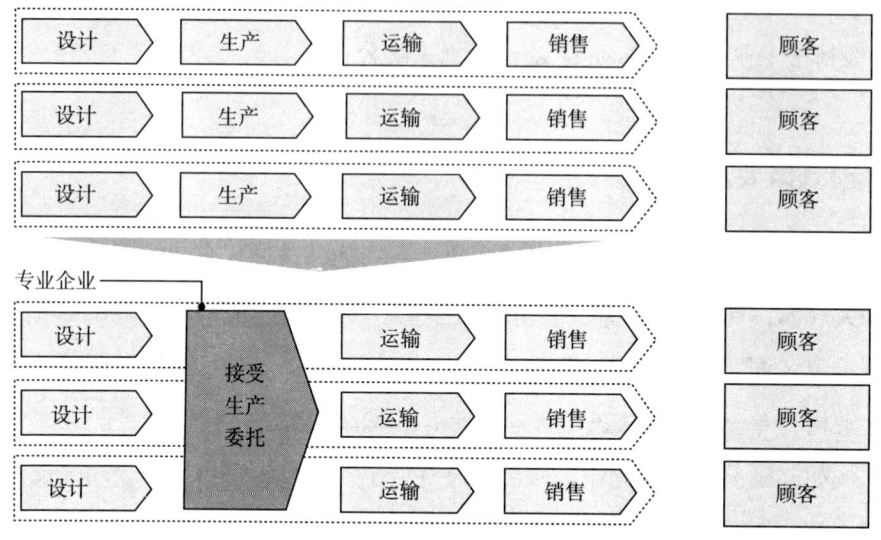

图 3-3　专业企业（概念图）

价值创造过程

专业企业之所以可以增加利润，是因为其大规模生产使成本降低。如果是大规模生产某种产品，一定是每一个零部件（功能）批量生产，生产这个功能的时候不需要其他功能。每一种功能都是单独生产的，所以只要在某一项功能上具备一定的生产规模，就可以拥有成本优势。所以说，同样的投资额，只投资一项功能，比投资所有功能更能获得成本优势，也就能获得更大的利润。

规模一旦增大，原材料和设备可以一次性购买，在产品设计和生产上能够获得更多的经验，这些经验反过来又会推动设计、生产过程的精炼度，生产量大，管理成本就小，基于上述因素，成本就会降低。在此基础上，如果从多个

---

① 3PL：Third-Party Logistics，第三方物流即合同物流，是指在物流渠道中由中间商提供的服务。——译者注

企业接受生产委托，就不会有需求的波动，委托的企业是根据需求量进行委托的，生产量将会平衡。这样，可以增加设备和人员的利用率，单位投资成本的利润会上升。如之前提到的音乐 CD 生产的例子，一旦出现畅销 CD，各音乐厂牌必须要有灵活应对这种情况的生产能力，否则就会因为供不应求造成顾客流失。但是如果各厂牌都各自生产，设备的使用率会很低。另外，从市场整体来看，CD 的生产量比较平均。Memory-Tech 接受多个厂牌的生产委托，能够灵活应对各厂牌生产量的变化，这比各厂牌自己生产或是少数厂牌一起生产大有优势。

专业企业这种模式，只专注于做价值链上的某一环，对顾客和潜在顾客来说，它并不算是竞争企业，而会被看作合作企业。因此，与固守完整价值链将其**功能对外销售**（请参考本书第二部分第 4 章示例及《商业模式·入门篇》）的企业相比，这种模式能接到更多的订单。

为何能够保持优势

规模大带来低成本，这样的良性循环可以防止同行模仿。一旦规模增大、成本降低后，接受其他公司的生产委托的价格就会降低，这样也会有更多的公司来委托你生产，于是公司规模像滚雪球似的增大。这样的良性循环可以让你先于同行成为大企业，且令同行望尘莫及。

客户一旦将这个功能委托给专业公司生产，就不用再去优化同生产相关的技能，也就不再自己生产，所以会一直需要专业公司生产。另外，委托公司与专业公司之间有很多如物流、联系、财务、结算等相关手续需要处理，一旦同某个专业公司建立合作关系，更换其他公司就会相当麻烦，所以委托公司一旦成为你的客户，便不太容易流失。因此优先采取这种模式的专业公司可以获得客户优势。

适合使用这种模式的企业

在价值链的功能中，如果有适合大规模运作的功能，就比较容易出现专业公司。这里的大规模运作的功能，大多是指生产和配送功能。这两种功能，如果由专业公司来做会有成本优势，即使有些企业还是保有这两种功能，也根本不是专业公司的对手。另外，像之前提到的音乐行业这样需求经常出现变动的行业，也容易出现专业公司。

仔细分析现在做得比较好的专业公司，会发现很多都像急送流通系统公司一样，原本就做这个行业，后来成为行业内的专业公司，因此比较了解这一行业的商业习惯和经营秘诀。

类似的商业模式

除了专业企业模式之外，还有以下几种在解构背景下出现的模式。

首先是编排（Orchestrator）模式。专业企业模式是提供价值链中的某一功能，而编排模式是对整个价值链进行管理。苹果公司、做通信用半导体的高通公司以及做网络路由器的思科系统公司都是用的这种模式。其次是市场经纪人模式（Market Maker）。市场经纪人模式是一种联系顾客和多家企业的中间人模式。这种模式与后文将会提到的**平台**里的**市场模式**基本相同。还有一种被称为"个人代理商"的**为顾客提供购买代理**的模式（参考第 1 章示例及《商业模式·入门篇》）。

补充

扩大规模是达到市场支配目的的最佳方式中的最佳方式。很多企业为了扩大规模，会采取收购或者与其他企业合并的方式。专业企业模式的目的是通过将企业的职能限定在某一领域来实现扩大企业规模。第 4 章讲到的"商业模式 9 **资源的动态分配**"是将不同的功能分配给不同的企业去做，而专业企业模式是指一个企业专做某一个特定的功能。

通过提高商品或服务的市场份额来扩大规模是最理想的方式，但是如果这种方式难以实现，就要想办法通过能够大规模运转的功能去扩大规模。

小结

模式概要

- 集中在价值链上某一特定的功能。
- 就这一环节接受委托、扩大规模，因此容易获取市场份额，称霸市场。
- 尽量选择易于大规模运转的功能。

效果

- 随着规模的扩大和经验的增加，成本降低成为可能。
- 即便市场份额出现波动或者出现畅销商品，因为行业的整体需求波动较小，也可以减少必要的设备数量（增加设备利用率），同时可以大大降低业务风险。
- 如果能成为专业领域最大的企业，就能产生良性循环，从而保持在业界的优势地位。

其他注意点

- 这里所谓能够大规模运行的功能，大多指的是生产和运输功能。

> **学习要点**
>
> - 专业企业模式是价值链"解构"之后成功的模式之一。其他还有编排模式、市场经纪人模式（相当于聚合）和个人代理商模式。
> - 也可以以**功能对外销售**的方式获得行业支配地位。德国汉莎航空股份公司（德航）的维修外包采取的就是这种模式。

构建商业模式的重点：良性循环

让强者更强

良性循环是指事物各要素之间形成共同促进的因果关系，各要素之间互相促进。客户增加、交易量增大，会对环境和公司产生正面影响，这些正面的影响，又会吸引更多的客户，扩大交易量。

可以说，良性循环是带来重要竞争优势的源泉。在行业内部的竞争中，最棘手的问题是，如何防止竞争对手的模仿，但良性循环的基础——规模和经验，都难以模仿，能在行业内部竞争中造成很大的不对称性。事实上，要想在行业内部的竞争中获得优势，想尽一切办法扩大规模是重中之重。不仅竞争对手难以模仿良性循环，而且由于内部各要素之间可以相互促进，使强者更强，因此良性循环一旦形成，公司便很难被对手超越。

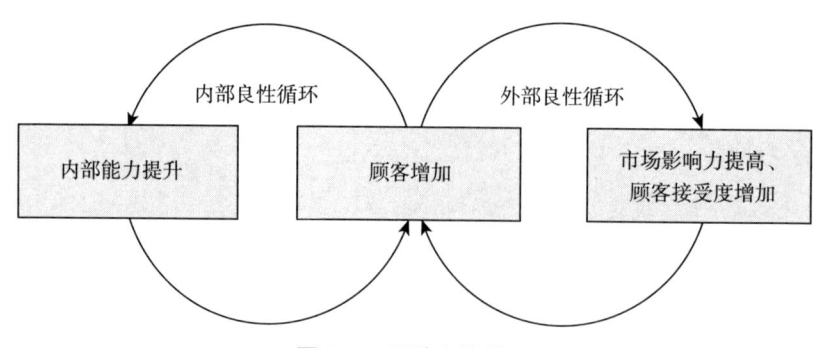

图 3-4　两种良性循环

经济学课程告诉我们，在竞争中，参与竞争的企业利润都接近于零。这时，如果出现了利润高于零的企业，其他企业就会争相模仿其运作方法，使各企业之间基本无差异，这样一来，整个行业的商品价格会降到更低，利润会更少，会导致整个市场的企业都没有利润。

但现实世界并非如此，或者可以说更多的情况与上述观点相悖，很多行业中都是强者更强。本来占据较大市场份额的企业会占据越来越大的份额，这种现象被称为头重脚轻。之所以出现这种现象，是因为规模大的企业可以更好地运作，而更好的运作又更能扩大规模，这是一个良性循环。

那么，良性循环究竟算不算是"机制"呢？良性循环与业务流程不同，它不是单纯的业务顺序，而是存在于业务各要素之间的一种因果关系，它比业务各模块的机制更加难以掌控。但是基于以下理由，本书将其归为机制。第一，单从业务内部模块这个机制的角度无法很好地说明如何在行业内部的竞争中保持优势，而良性循环非常有效，且是持续保持优势的源泉。本书将其作为保持持久优势的一种手段，将其看作考察对象。第二，良性循环的产生过程也可以看作结构加推动力，符合机制的定义。第三，虽然良性循环不如业务内部模块的机制那样容易控制，但是现实中也被多次使用，并且有很多成功的案例。也就是说，它是具备再现性的，因此我们把它当作一种商业模式来学习。

近年来，良性循环变得越来越重要。首先，我们之后会讲到的网络效应和平台与互联网等信息通信技术机制的相容性都很高，在信息通信技术系统的支持下，会产生更有效的良性循环。其次，随着产业的成熟，创新会减少，模仿盛行，差异化几近消失，很多产业只能谋求良性循环这种不容易被模仿的模式。

良性循环也分多种，以下大致分为两种来考察，分别是在市场上作为市场推动力的良性循环（外部良性循环）和强化公司内部职能的良性循环（内部良性循环）。

外部良性循环

外部良性循环是指与公司内部各要素无关的，在市场上产生的良性循环。外部良性循环的典型，是网络效应。网络效应是指在连接到网络的服务上产生的良性循环，顾客数量越多，通信的对象就越多，网络的效果越好，顾客就会增加，从而形成良性循环。例如，有两家电话公司 A 和 B，两家公司设备相同，但双方的设备不能互相通信，A 公司的顾客多，B 公司的顾客少，顾客在选择要购买哪一家公司的商品时，一定会选择 A 公司，因为用 A 公司的设备能联系到的对象多，电话的功用更大。这样一来 A 公司的顾客会更多，新的顾客在选择公司时就更倾向于选择顾客更多的 A 公司，由此形成一个良性循环。

很多研究商业模式的学者都认为 A 公司和 B 公司的商业模式相同，但实际上 A 公司和 B 公司的竞争力完全不同。例如，LINE 和 KakaoTalk（韩国的一款聊天软件），从商业模式大框架上来看，其目标市场及内部模块都完全相同，但是因各自的客户人数不同，竞争力也完全不同。LINE 和 KakaoTalk 的优势不是依靠其内部的能力，LINE 在日本市场占压倒性优势，KakaoTalk 在韩国市场占压倒性优势。两者在两个不同的市场使用了相同的"引擎"，其在各个市场上所取得的优势，并不是来源于其内部的能力，而是来源于其所在市场已获得的用户数量。

网络效应是获得及保持强大竞争优势的源泉。因为顾客增加会直接使其他客户更加方便，这与后面讲到的内部良性循环不同，它不用改善企业的内部能力，就可以直接带来更多的客户，这种影响是即时的。这种良性循环使顾客滚雪球似的增长。

网络效应是一个良性循环，但它是某个特定市场内的良性循环，不会在多个市场内同时发生，这一点是其与内部良性循环最大的不同。很多平台企业试图将已经构建成功的平台上的客户引导到其他平台和服务中去，但这种尝试大多失败了。

在网络效应下，一开始用户就比其他公司多的企业会更具竞争力。之前提到的聊天软件，日本是 LINE、韩国是 KakaoTalk、欧洲是 WhatsApp 占支配地位。这些软件之所以能在各国占据支配地位，是因为这些软件是在这个市场中最早出现的软件。

下面我们来介绍一些外部良性循环的具体模式。

商业模式示例（外部良性循环）

利用外部良性循环的商业模式有以下几种。

1. 平台

平台是为了与顾客进行互动而创造的一种机制。

这种互动本身就是一项服务，之前提到的电话和聊天软件就是典型的平台模式。

在现代社会，平台是十分重要的。在平台模式中，顾客的增加对其他顾客来说有致命的吸引力，顾客会像滚雪球一样增加，这种令其他公司望尘莫及的优势可以一直保持下去。平台也分多种，以下介绍一些主要的平台模式（具体参考《商业模式・入门篇》）。

市场：市场模式是指在这个平台上可以进行交易的模式。证券交易所、商品交易所、电力交易所、金融工具的交易所等都是市场模式的典型代表，拍卖网也是市场平台的一种。互联网可以跨越地域的壁垒，召集买家和卖家。所以，即便是交易频次低、交易数量少的市场，也可以在互联网上建立起来。另外，迄今为止很多交易需要中间商，互联网去掉中间商，让买卖双方直接进行交易，这叫作电子市场。

没有价格发现功能，只有交易对象发现功能的平台我们也看作市场平台。瑞可丽公司的 AB-ROAD、Zexy、Jalan、乐天等电商平台，房地产、保险、酒店、各种住宅相关的服务等收录行业信息的"业界导航"也是市场平台的一种。有很多业务者存在的行业，用优势矩阵的理论来说叫"分散型行业"，有建立这种市场型平台的可能。

不仅限于卖方市场，在采购方及资本市场也可以成立市场平台。可以像阿里巴巴或者是 DeeCorp 等一样设定一个购买市场，或者是通过众包（Crowd-Sourcing）获取资金、募集人才等，成立多种形式的市场。

重要的是，经营者要去思考这些问题：能否为以前没有放在市场上交易的商品提供一个市场？能否将原本以固定价格销售的商品交由市场机制去确定价格？能否直接在买卖双方之间进行原本需要中间商的交易？

在市场平台这个模式下，可以通过设立会员（开设店铺）等交易的手续费以及运输费等来收取费用。

沟通：以聊天软件和社交软件为代表的沟通工具也是平台的一种。沟通的形态有一对一、一对多、群聊等，形式有文本、图像、视频、语音等。沟通平台也是有网络效应的，所以新的加入者要想开发一个全新形态的社交平台是非常难的。但是行业内也有成功的例子，例如，领英就成功与脸书形成了对抗，因为领英做的是职场社交平台，这是一种全新的社交形态，所以它大获成功。

从理论上讲，沟通平台可以收费，但实际上几乎都是免费的。因为信息和网站这些广泛使用的沟通手段都是免费的，所以这些社交软件要想收费是很难的。这种模式下要想盈利，可以参考**免费**（参考第2章第五节示例）中"第三方市场"中介绍的揽客手段，从第三方获取收益。

顾客服务：如果顾客想和同一行业的多个企业做交易，又希望能在同一个界面里找到这些企业，你就可以做出一个平台来更好地服务这些顾客。这与上文的市场模式很相似，但是这种模式在为顾客提供交易对象和交易价格参考的同时，还有其他独特的功能。

这里说的不是预约功能，因为预约功能是在顾客找到交易对象时可以同时实现的，如果顾客想进一步确认这件商品的价值，就必须有一个可以与预约的卖家交流的渠道。顾客服务模式正是通过给顾客提供一个统一的界面，来大大方便顾客。航空业中的 Sabre 就是使用这种模式的一个典型代表，还有美国餐饮业的网上订餐平台 Open Table，剧场、音乐会的门票预约平台 PIA，高尔夫球场预约平台 Golf Digest Online，日本的餐厅预约平台 ePark 等都是典型案例。

上面讲的是在一个平台内实现预约功能，与其相似的订货功能也可以做成平台。狮王和尤妮佳一起创办的化妆品订货平台 Planet，吸引了化妆品行业的王牌企业花王入驻，所以 Planet 已经成为这个行业的标杆，很多零售商都从这个平台上订货。同类的还有食品加工业的统一订货平台 FINET。打车软件优步，也可看作一个统一订货平台。还有建筑行业的估价、订货平台 CIWEB，是由大林组、鹿岛建设、清水建设、竹中工务店这四家大型建设公司共同开发的。只要有订单产生，就会产生结算，做一个这样的平台，可以收取结算手续费。很多行业现在的订单手续还没有标准化，所以这种模式有很大的发展空间。

还有其他例子，比如，医药品行业的医药信息提供平台 M3 公司；银行业的 Enet，银行通过这个平台向各便利店提供自助取款机服务。这些都是非常有前景的平台。

资源共享中心：这个平台是通过将经营资源（设备、设备运转能力、人员、原材料等）与其他公司共享来提高资源的利用率，或者说将机会流失率最小化的平台。目前这种平台还没有在社会上广泛使用，不过近年来发展前景很好，特别是由德国政府提出的工业 4.0 项目，使资源的优化利用、物联网和大数据解析的利用增多，这种模式越来越受到重视。

2. 事实标准

除了平台之外，还有一种表示外部良性循环的模式叫事实标准。所谓事实标准是指，某种产品作为一种事实上的标准产品在社会上被普遍接受。一旦这种产品成为行业标准产品，所有人就都会来购买，其公司的标准地位就会更加稳固，从而产生一种良性循环。

基于以下原因，事实标准模式能带来外部良性循环。

首先，一旦某产品作为事实标准被社会普遍接受，其周边产品都会以这个标准产品为前提去生产。例如，微软的办公软件（Word、Excel、PowerPoint 等）已是行业的事实标准，所以其他软件都以能与微软的文件格式兼容为前提去制作。在机床领域，发那科的数控系统是行业的事实标准，所以其他公司制造的机床也必须都能使用发那科的数控系统。霓达公司（NITTA HAAS）的半导体抛光垫是行业标准，因此，所有的半导体抛光装置都是使用霓达的半导体抛光垫来制作的。洛克希德·马丁空间系统公司的宙斯盾系统是欧美海洋防御装备领域的事实标准，所以船上装载的探测系统和武器系统都要以能与宙斯盾系统相连为前提进行设计。这样在整个行业内就会出现这样的结果：顾客选择行业标准的产品，能与其周边产品无缝衔接，于是更多的人会选择使用行业标准的产品。

再进一步，会用事实标准产品的人越来越多，相反，会用非事实标准产品的人会越来越少。这样一来，就算你采用非事实标准的产品，很可能因为雇不到操作员和技师而无法操作，即便勉强雇到了，雇佣的成本也可能会很高。以办公工具为例，几乎所有的人都会操作微软的办公软件，所以企业只要采用这款软件，基本上就能确保其可操作性，但一旦企业采用的是非微软的办公软件，就可能会出问题，到头来，还是会选用微软的办公软件。

通过以上介绍可以看出，事实标准与平台模式不同，它的优势不在于通过增加用户的数量来促使产品本身的便捷性得到提高；而在于采用了事实标准的产品，才可以与其周边产品无缝对接，从而促使所有顾客都去使用事实标准的产品。

讲到这里，想必大家都能推断出：要想让产品成为行业内的事实标准，最重要的是市场份额，要想占据较大的市场份额，合作战略十分重要。索尼之前推出了存储介质记忆棒 Memory Stick 和视频录播装置 Betamax，想让这两款产品成为行业标准。虽然这两款产品的技术都非常棒，但最终都没能成为行业内的事实标准。最近，索尼开始与其合作伙伴无偿地分享相关技术，试图通过合作的方式来扩大市场份额，从而推动这两款产品成为行业内的事实标准。

内部良性循环

内部良性循环与外部良性循环相反,是指在公司内部产生的良性循环。顾客增加使公司的能力增强,公司能力增强又带来更多的客户,这是一个良性循环。与外部良性循环相比,内部良性循环需要经历公司能力提升这样一个过程,相对来说见效没那么快,但是一旦效果出来,就会一直有效。

内部良性循环又分为多种,基于大规模下的低成本产生的良性循环、基于公司拥有的信息(数据的多少)产生的良性循环、基于产品本身价值产生的良性循环等。

多数情况下,内部良性循环与外部良性循环是同时发生的。因此,可能很难区分某种良性循环是内部的还是外部的。不过,如果是自然发生的,也没有必要太过在意它到底是内部良性循环还是外部良性循环。但有一点要注意,内部良性循环和外部良性循环产生的机制和效果是完全不同的。之前讲过,外部良性循环的产生机制——网络效应(即外部良性循环)是基于顾客之间的相互作用以及与周边事物之间的接口等在公司外部发生的,与公司本身所提供的商品或服务的功能及价格无关。内部良性循环则不同,它是通过低成本来提高公司内部的能力,从而产生良性循环,如生产能力、专业技能及生产出来的产品的价值等。我们可以从市场定位的角度将其看作低成本、差别性和专门性等问题,它与传统战略论紧密相连。正如之前在**专家**中所提到的,内部良性循环不一定要有很大的规模。

从两者产生机制的不同可以知道,如果要人为地去推动内部良性循环或是外部良性循环产生,发力的点是不一样的。如果想推动外部良性循环产生,要考虑的是如何加强顾客间的相互作用以及对顾客进行操作培训。如果要推动内部良性循环产生,就要在接受委托和与其他公司合作等方面下功夫。

内部良性循环是竞争优势得以持续保持的源泉。在考虑如何打败竞争对手时,应该考虑作为其内部能力支撑的低成本、差别性、专业性等问题,但是要注意到，最重要的一点是，如何让这种模式无法被模仿，才是保持竞争优势的关键。很多企业都是打着其他公司没有的新颖性的招牌一炮而红，但是一旦占据了一定的市场，这种产品一定会被模仿，到时候这种新颖性也就不新颖了。这时，该如何取胜呢？答案就是内部良性循环。一旦可以率先产生这种良性循环，即便被其他公司模仿，这种循环也一定能比那些后起的公司规模大、循环得快，因此，能够长期获得优势地位。

虽然内部良性循环没有外部良性循环见效快，但是它可以在几项业务间通用。因此，在进军新领域以及通过企业并购拥有多种业务的情况下，要考虑如何使这种内部良性循环在多个企业间共同发生，这也是协同效应的一种。

商业模式示例（内部良性循环）

1. 规模与成本、规模与行业主导地位的良性循环

销售额增加可以降低生产成本和运输成本，而低成本又能进一步扩大销售，于是便产生了良性循环。这就是所谓的规模经济。

销售额增大带来成本降低的路径有很多。首先，销售额增加，生产量就会加大，单位产品所消耗的管理成本会减少，而且生产成本本身也会减少。为什么生产量增加会造成生产成本降低呢？因为原材料采购得越多，就越容易讲价；用同一个金属模具生产的零部件越多，模具的固定成本就越少；生产同一件产品的经验越多，就越容易找到最合适的生产方法；产量增大让你能灵活应对需求的变化，设备和人员的利用率也能得到提升。这也就是现在常说的经验曲线效应[①]。经验曲线是指产品的生产成本与产品的累积生产量成反比。

反之，低成本带来高销售额也有多种路径。第一种路径是，生产成本低，定价就可以比其他公司低，那么销售量就多，销售额自然提高。不过，一般情

---

① 经验曲线效应指的是一项任务越是经常执行，执行的代价越小。——译者注

况下，市场份额高的大公司很少会以很低的价格销售。第二种路径是，由于成本低，可以投入高额利润到研究开发中去，这样能用比其他公司质量好的原材料制造出比其他公司好的产品，销售量会更大。大公司的商品更好，已经成为全社会的普遍共识。而且可以将更多的利润投入广告宣传、促销等环节中去，从而增加销售量。实际上，这些路径并非只能选择一种，多数情况下是可以同时使用的。

低成本可以扩大规模，提高你在行业内的主导地位。品牌效应一旦扩大，商品会被各零售店摆在醒目的位置，同时，凭借强大的品牌效应，可以吸引到知名的经销商来合作，而且经销店会派优秀的人才去销售这些商品。

这种良性循环的效果很好，之前讲过的上位集中现象就是最好的佐证。上位集中是指，在行业内占据较高市场份额的企业会不断扩大其市场份额，最后独占市场的现象。在日本经济新闻2014年举行的"主要商品/服务份额调查"中显示，2013年的100种主要商品中，有58种被排名前三的大公司占据。

以下介绍几种达成规模的策略。

在特定行业内占据高份额：大规模带来低成本，是良性循环最基本的模式。抢占更多的份额，能够让竞争对手一直处于劣势地位（具体参考《商业模式·入门篇》）。

全球化：在全球范围内多个地域推出商品，顾客增多，生产规模扩大，成本就可以降低，在这个地域就会更有优势，从而形成良性循环。在这种模式下，可以将产地设在劳动力成本较低的国家或地区，将设计中心设在处于潮流前端的国家或地区，这样可以找到一种功能分配的最优方案，从而在成本上和在产品功能上都保持优势（具体参考《商业模式·入门篇》）。

与同行业的公司合并：通过收购、兼并等方式扩大规模（具体参考《商业模式·入门篇》）。可以参考本书第四部分"第10章合并"的说明。

功能对外销售、资源的动态分配：这种模式与"与同行业的公司合并"

相同，都是通过与其他公司合作的方式去扩大规模。功能对外销售是指，在自己所擅长的领域接受其他公司的委托，这样可以扩大规模，同时可以加强自己的能力。

产品金字塔：在高端市场、中端市场、低端市场，每种市场都投放一些商品，这样可以使自己的产品或服务覆盖整个市场。每种市场内产品的等级不同，但是供应链是相同的，从整体上看，扩大了规模，减少了成本，形成良性循环。具体可以参考"第1章目标市场的定义"。

2. 知识秘诀的积累带来的良性循环

这种模式是指，如果能先于其他公司获得产品的相关知识和经验，就可以产生良性循环。有知识和经验的企业和个人，就会被委托去做需要用到这种知识的工作，在工作中，又能获得更多的相关知识和经验。

这里所说的知识，不仅是关于产品或服务本身的知识，也包括对顾客的了解。特别是像咨询行业这种要为顾客提供解决方案的行业，对客户的了解是非常重要的，客户会选择了解自己的企业，企业在为客户服务的过程中，又能加深对客户的了解，于是产生一个良性循环。这种良性循环不是基于规模大而形成的，小企业反而适合使用这种模式，锁定一个客户，对其进行深入了解，然后使其成为自己的长期客户。

3. 专家

具体内容请参考本章。

4. 提升产品价值

这是一种针对制造业提出的模式。当商品销量到一定数量时，就可以将顾客的意见反馈到产品设计和产品规格中去，从而提升产品的价值。产品价值提升，就会收到更多的订单。但是，如果在厂家和顾客之间还要经过其他的销售渠道，就不易直接将顾客的意见反馈到产品设计上，因此这种模式适应于厂家直销。

万革史应用软件有限公司和 OBIC 都是做业务用套装软件的 ERP 制造商，他们会针对每个客户为其开发适合他们的附加功能，这样既积累了经验，又提升了商品价值。

5. 加大开店密度带来良性循环

一般来讲，有连锁店或营业网点的企业，其占据的市场份额越高，店铺或营业网点会越密集；店铺或营业网点越密集，它所占的市场份额就越高，这是一个良性循环。大塚商会的店铺就比同行的公司要多，因此它能够迅速应对突发状况，这成为它吸引顾客的一个特点。它能吸引到更多的顾客，店铺就可以开的更多。

在通信领域，连锁店指的就是无线通信的基地。NTT Docomo 将"在偏远地区也能轻松上网"作为一个卖点，其背后的支撑就是它的通信基地很多，分布很广。当然，占据的市场份额越高，店铺的展开密度会越高，虽然并不是店铺的多少这一个因素导致市场份额提高的，但不可否认的是，通信基地密度是市场份额固定化的一大要素。

6. 地域优势

这是适合零售业使用的模式。在某个特定地域密集开店，于是在这个地域内的市场份额提升，竞争力随之上升，在区域内部形成良性循环（具体参考《商业模式·入门篇》）。

7. 数据中心

从顾客那里收集数据，对大量数据进行分析比较之后将结果反馈给顾客。顾客数量越多，数据分析的结果越可靠，越能吸引新客户，从而形成良性循环。这是使用大数据的一个典例。

所罗门协会（Solomon Associates）从石油制造所的各种业务中收集顾客数据，将工作效率等作为基准结果反馈给顾客。

第7章

生命周期

商业模式15　产品信息反馈

●小松集团、罗尔斯·罗伊斯、通用电气、约翰迪尔等

模式概要及示例

这种模式是指在销售的产品中加入通信功能，使产品的运转情况、产品的状态、产品的地理位置能够自动反馈到公司，这样可以保证补充用品的及时替换、预防性维修等售后服务的进行，控制系统及防盗系统的及时更新等。

小松集团就在其产品工程机械及矿山机械中搭载了通信功能，向自己提供反馈，这个系统叫作小松康查士（KOMTRAX）。它原本是为了防盗而设计的，在产品上装入全球卫星定位系统，产品即便被盗，也能马上追踪到其位置。但是现在的小松康查士不仅是用来定位，它也会发送机器运转情况等设备信息，比如，从信息中得知其发动机排气温度异常，就可以推断，发动机可能发生了故障，将这一点通过内部服务网告知顾客，让顾客及时检修。小松集团正计划将这项业务扩大。

美国公司约翰迪尔主要经营农业机械，它通过 iGuide System 系统向顾客提供拖拉机自动运转等服务。

著名航空发动机制造商罗尔斯·罗伊斯和通用电气,都是在航空发动机里装入多个数字中心,不仅可以对其进行运行管理,还可以将其控制信息反映到产品设计中去。特别是通用电气,构建了一个名为"工业互联网"的系统,这一系统能将本公司产品的反馈与多种服务相结合,是通用电气公司的一大战略。

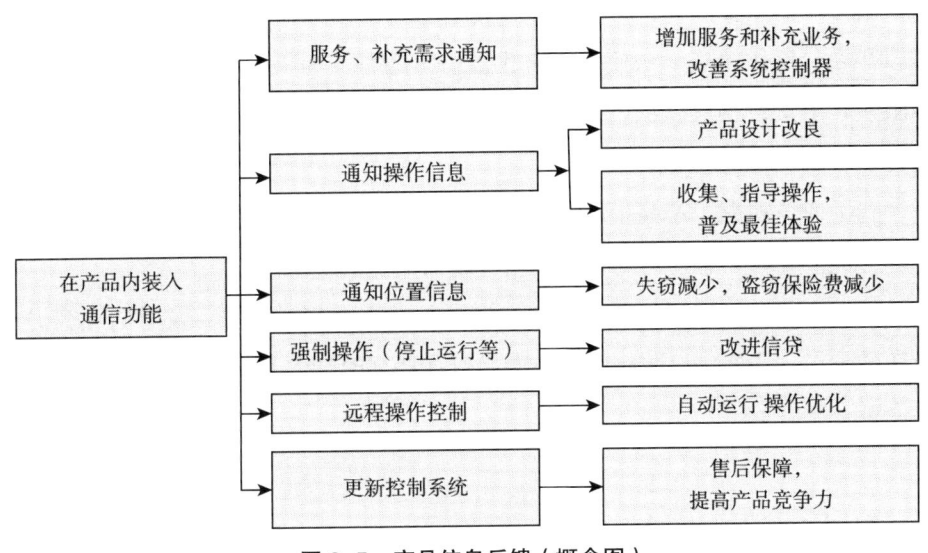

图3-5 产品信息反馈(概念图)

价值创造过程

在产品中装入通信功能,产品本身可以将相关信息反馈到公司。

装入通信系统之后,可以随时了解到产品的设备情况和补充用品的需求,像小松康查士这样,在有补充用品需求时对其出售补充用品,这样可以切实把握商品生命周期的整体需求。从顾客方面来看,产品不会毫无预兆地坏掉,产品的运转率提高,顾客的服务体验也会提升。

另外,通过这样的通信功能,公司能知道产品的操作信息,能收集到顾客的最佳操作体验,将其普及给其他人,同时可以分析设备老化与操作的关系,并将其反映到产品设计中去。

通过反馈，公司还可以知道产品的位置信息，一旦发生盗窃，可以通过这个系统马上得知其地点，在预防盗窃的同时，减少了顾客盗窃险的保险费用。

装入通信功能之后，不仅可以了解到产品的后续信息，产品销售之后，公司照样可以控制自己的产品。于是，你可以像约翰迪尔那样，为顾客提供代理操作服务，更重要的是，可以事先宣传自己的防盗系统做得好，产品被盗之后可以在后台操作使其无法使用，防止被盗。还有，如果是分期付款出售，到了期限顾客不支付相关款项，随时可以停掉这台机器，使其无法运转，这相当于设置了可以让其生效的担保物权。

有了通信功能，产品上的控制系统可以及时更新，这样可以提高顾客的满意度，也是顾客同意自己的物品上装有通信功能的理由。

最后，商家可以通过通信系统知道商品的寿命何时耗尽，及时向顾客提出换新的方案，这样可以防止顾客在商品寿命耗尽时转去其他公司购买同类商品，从而排除竞争。

为何能够保持优势

这种商业模式的关键在于，产品作为一种物理存在长期存在于顾客手中，顾客会长期使用它。自己的产品成为公司与顾客之间的桥梁，通过这个桥梁可以了解顾客的相关信息，就可以以各种形式留住顾客，防止顾客流失到对手公司。

适合使用这种模式的企业

能够使用这种模式的产品，应该具有电子控制功能，即使没有直接的电子控制功能，至少也要有能适应通信功能装入的电源等。不过，连电源都没有的产品，也可以通过射频识别技术[①]和非接触式智能卡等，构建相似的商业模式。

---

① 射频识别（Radio Frequency Identification，RFID）技术，又称无线射频识别，是一种通信技术，可通过无线电信号识别特定目标并读写相关数据，而无须识别系统与特定目标之间建立机械或光学接触。——译者注

注意

这种模式没有什么大的缺点，唯一需要注意的是，通过商品去获得顾客信息，可能会引起顾客的不悦。我的建议是，首先要向顾客强调这样做对他也是有利的，争取得到顾客的理解；其次尽量在销售的时候就签署一个相关协议。

补充

这种模式是一种利用商品生命周期的模式，商品本身在生命周期内向公司传递信息，公司通过这些信息向顾客提供产品相关的商品和服务，确保这些商机流向自己。商品一旦卖出，其所有权就属于顾客了，但是通过这样的通信功能，可以让商品始终为自己服务。

另外，在这种模式下，商品作为一个物理存在长期在顾客那儿，也可以防止对手竞争。像"办公室格力高"在办公室放置点心盒，雀巢大使在办公室放置咖啡机等，虽不是直接在商品上装入通信功能，但是，只要有一个物理的存在长期存放于顾客那儿，就能与顾客紧密联系。让公司在顾客那里有存在感很重要，如果可以，尽量选择顾客只需要一个的商品，这样可以避免你的竞争对手用同样的方法从顾客那儿获取信息。

这种模式是物联网（IoT）的一种。这也是互联网和无线技术的发达带来商业模式重大改变的一个典型的例子。之前就反复强调过，商业模式与市场定位论不同，它是一种"机制"，随着信息通信技术的发展，它的可塑性和再现性是极强的。

本节主要讲的是如何在自己公司内部活用从产品本身那儿得到的信息，其实自己公司获得的信息可以和其他公司获得的信息互相参考，其中有许多合作的机会。这样交通运输设备、工程机械、电力设备、暖气设备等基础设施，自行车、电视机、冰箱等家电，电话、相机、手表等电器，所有这些电器制造商都应该重新思考一下自己的商业模式。

小结

模式概要

- 在商品中搭载通信功能,产品的运行情况、状态、位置等信息都可以反馈给公司。
- 反馈的信息,用于预防故障、提前洞悉维修时间、防盗、产品设计改良中。
- 通过通信功能,可以更新产品的控制系统和服务系统。

效果

- 对于顾客来说,装入这个系统可以避免突发性停止运行的风险,可以防盗,减少防盗保险费。
- 对于公司来说,通过这些信息可以了解到顾客的服务需求和补充用品需求,在商品的寿命快耗尽的时候,及时给顾客提供更换方案,这样可以防止顾客在更换产品时到别的店去买。
- 如果它装在自行车上,还可以用来提示路况和天气。

其他

- 工业互联网是美国通用电气公司建立的通信系统,通过强大的数据分析,为顾客提供最优化的服务,这是使用这种模式的一个典例。

> **学习要点**
> - 产品会在顾客那里一直运转,因此这是一种与顾客保持长期联系的较好手段。
> - 这是一种利用了产品的生命周期和物联网的模式,同时,这种模式又能将与产品相关的多种服务提供给顾客,是一种非常优化的模式。

| 第三部分 | 商业模式分论② 贯穿业务整体的机制、流程篇

商业模式 16　多窗口

● 万代南梦宫、大金工业、通用电气等

模式概要及示例

多窗口是指在视频内容行业，将制作好的影像首先配给剧场，再依次配给地面电视、数字电视、有线电视、收费电视，最后再在网上固定投放，从而获得视频内容收入最大化的一种模式。这里的窗口指的就是屏幕，多窗口是用于视频内容行业的一个商业模式用语，它是根据经营资源的生命周期去更换投放市场的一种商业模式。

当然不仅仅是视频内容行业，在一些有角色和明星的相关行业，也常用到这种模式。例如，游戏产业的万代南梦宫，它首先在电视上打响其主人公的知名度，再开始出售周边，再投入到街机① 上。从这个意义上讲，老万代和老南梦宫的业务，其实是基于同一个资源的生命周期去发展的。在音乐内容产业，常用的一种模式是，先在线上线下出售 CD，再给这个歌手开演唱会，以获取较大利益。环球影业就是通过建造还原电影场景的主题公园"好莱坞环球影城"来扩大收益的。

技术也是有生命周期的。空调市场分为办公楼定制的大型应用空调，中型的商用空调和小型的家庭空调。这三种空调的销售渠道各异，但是大金工业作为行业内的龙头企业，始终坚持三个市场同时参与。大金工业之所以这么做，就是因为这三种市场的供应链都是相同的，这样可以扩大规模，同时，可以根据每一种空调的生命周期不同而按顺序移动技术。用一个室外机来控制多个室

---

① 街机（Arcadegame）是置于公共娱乐场所的经营性专用游戏机。也可称为大型电玩，在台湾又俗称"大台"。——译者注

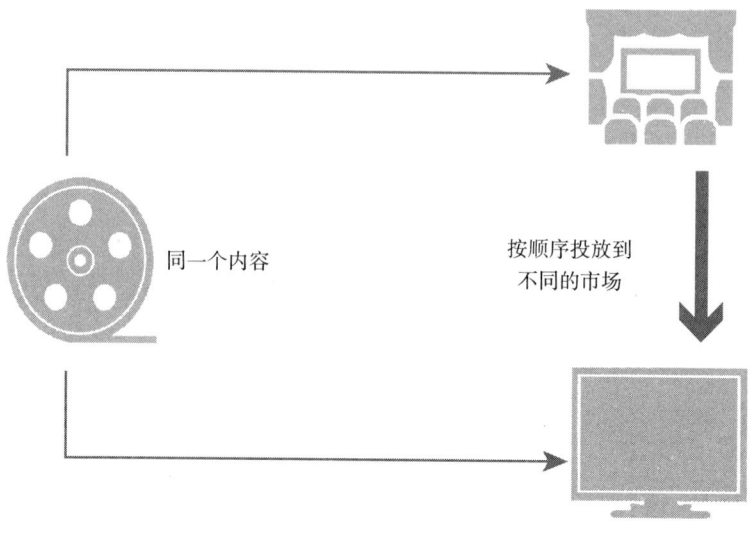

图 3-6　多窗口（概念图）

内机的制动技术可以先使用在应用空调中，再逐步下移到商用空调，再到家庭空调。还有最开始在家庭空调中所用到的加湿、除湿、除菌等技术，也逐渐普及到商用空调和应用空调中去。这是根据技术这种经营资源的生命周期来开展业务的一个典例。

再如，通用电气将航空发动机用的内燃涡轮应用到发电设备中，制造出了便宜且马力调节灵活的火力发电设备，这个叫作"航空器派生品"。汽车公司先开发了新技术，用于高级车辆，将这些高级车辆卖给富裕阶层，收回初期成本的同时，再将这些新技术慢慢地应用到普通车辆中去，同时利用在高级车辆领域的好名声促进普通车辆销售。这也是技术的生命周期管理。在航空航天领域，很多公司会先做防御装备，获得先进的宇宙开发技术，同时，将这些技术用于民生。

价值创造过程

沿着经营资源的生命周期来管理有两个好处。

第一，可以获取经营资源。先从顾客要求高、可高额出售、较易开发新技术的高端市场做起，这样可以获取技术这个经营资源。例如，先去参与电视剧的制作，那么这部电视剧里的主人公形象就可以为你所用了。相反，如果不从高端商品入手，从中低端商品做起，可能很难获得一手资源，又或者只能依赖于从其他公司买进资源。

第二，可以高效地使用经营资源，从而将这个资源上获得的收入最大化。即便在一个市场收不回成本，因为你将这项技术用在了多个市场，相比那些只在一个市场投放的公司来说，仍然拥有巨大优势。

为何能够保持优势

虽然刚开始只在某一个市场开发了这项技术，但是将这项技术应用于多个市场，就可能独占所有与这项技术相关的市场，从而比只做一个市场的对手有优势。当然，这里的经营资源不仅技术这一项，特别是在发达国家，这项经营资源可以是著作权、专利等知识产权，拥有这些知识产权的公司很有可能长期独占甚至控制相关市场。

还有一点，之前讲到的通用电气公司的航空发电机引擎的例子，只要将同一项资源应用于两个以上的市场，就很难被竞争对手模仿，从而获得优势。这是因为这两种或者以上的市场之间已经产生了某种联系（增效），不是可以简单模仿的。业务间的增效（即企业活动的协同效应），乍看可能是一个很虚的概念，但是一旦采用了多窗口这种模式，业务间的联系就变得清晰了。

适合使用这种模式的企业

在需要稀缺性经营资源的行业，这种模式十分奏效。像影像、影像中的主人公、明星、技术等经营资源，都会经历产生、成熟、衰退、退出市场这样一个生命周期。只要有效利用这个周期，就可以为自己谋利。

也不一定要局限于经营资源的利用，还可以是稀缺地区的房屋，日夜分别作为不同的功能使用；将同一个人才有效地应用于多个市场之间等，只要是将同一资源多目的使用，就可以认为是多窗口模式。多窗口模式可以有效利用资源，产生独特的优势。

注意

再举回视频内容行业的例子。在日本，以前电视节目与出演嘉宾都是签协议的，播一期节目，付一期的钱，因此重复利用有困难。所以，如果想要利用某种资源的整个生命周期，最好一开始签好全部协议，厘清其中的利益关系。

近年来，迫于新兴国家的压力，医药产品专利等知识产权的期限都被缩短。当然，如果能在期限内就完成一整套的生命周期管理是再好不过的了，但是在难以实现的情况下，今后要着力构建一个可以以特许通用（由药品开发商发行的同一性保证商标）的形式流通的处方药市场，将制药技术在整个市场内通用，或者用 switch OTC[①]（处方药到非处方药的借用药）等方法，使同一种资源可以活跃在多个市场。

补充

多窗口模式，是活用经营资源生命周期的例子，它告诉大家，除了将重点放在顾客和产品上之外，还可以通过生命周期去提高收益。用好了生命周期，就能在多个市场如鱼得水。

[①] OTC（Over The Counter）：非处方药，是指那些不需要医生处方，消费者可直接在药房或药店中即可购取的药物。——译者注

小结

模式概要

- 开发出新资源之后,顺着资源的生命周期将其逐一投放到不同市场,从而在每一个市场都获得收益。

效果

- 从这个资源上获得的收入,可以在整个生命周期过程中实现最大化。
- 比起只在一个市场内做文章的竞争对手,更有优势。
- 在先投放的市场中获得的好评,对后投放的市场有利。

其他注意点

- 在这个模式中可以作为资源考虑的有技术、明星(人)、角色(主人公)、原料等会随着时间推移价值发生改变的东西。
- 由于资源会随着时间推移劣化,所以通常是由高端市场向低端市场依次投放,不过因资源不同,也不排除从低端市场向高端市场投放的情况。具体参考"商业模式 10 **专业服务公司**"。

> **学习要点**
> - 经营资源与顾客、产品相同,也是有生命周期的,多窗口模式是运用经营资源生命周期的很好的例子。

构建商业模式的重点：生命周期

尽可能从生命周期的前端开始参与

生命周期指一个人或物、想法、项目等诞生、成长、成熟、衰退、最后消失的过程。一项业务当中，有很多要素都是有生命周期的。生命周期与良性循环不同，它不是有意创造出来的东西，而是客观存在的，无论是否利用它去构建商业模式，它都会随时间流逝去经历这样一个过程。我们还拿军事来举例子，生命周期就是战场上吹的风，或是战斗海域潮水的涨落情况，只要能将其灵活利用，取胜的概率就会增大。

生命周期不像良性循环那样与诸多要素相关，那么难以控制，生命周期是客观存在的，只要用好了，就一定会有效果。生命周期本身并不是公司内部组织，是与公司相关联的一个流程，我们可以使自己公司的内部组织与之挂钩，这样能够很好地去利用它。

在利用生命周期时，要尽可能地从生命周期的前端就开始参与，这样有利于从整体去把握这个周期。随着生命周期的推进，公司的业务也随之更新，多数情况下，相关联的市场也会依次移动。在生命周期的前端就参与进去（播种），当时可能收益会比较低，但是生命周期越到最后收益越大（收获），这样，从整体上看，还是提高了收益。从这个角度来看，生命周期这个模式跟农作物的种植和家畜的养殖很像。

利用生命周期构建的商业模式多种多样，其中很多都是像本章所介绍的**多窗口**和**产品信息反馈**那样，沿着某一个生命周期去移动市场。如果在生命周期的前端市场就参与进去，在后续市场就较易与顾客取得联系。当然也有例外，有的模式采取的不是这种方法，举个例子，有些方法的重点在于选取生命周期的主体，也就是资源。选拔人才的"商业模式10 **专业服务公司**"部分提到的

"不晋则退"模式，还有"商业模式11 企业风险投资"中关于技术和商业创意的选择，都属于这种情况。

还有，之后我们会讲到的业务生命周期的利用，利用的就是随生命周期发展的资金需要的变化，主要针对的是合作层面的各项业务之间资金对接的问题。

商业模式示例

1. 顾客与销售渠道的生命周期

这是随着顾客年龄增长或者顾客对产品越来越熟悉产生的生命周期。顾客也是有生命周期的，我们沿着这个生命周期的轨迹，为顾客提供价值不同的产品，可以长久地与顾客保持买卖关系。丰田4S店就采用了这种模式，顾客一开始在店里购买的只是普通汽车，但随着顾客收入的增加，可以向其推荐高级轿车。倍乐生给0~6岁的幼儿提供一些益智服务，待孩子长大之后，又吸引他来上自己的兴趣班，从而将在同一位客户身上获得的收入最大化。相机和音响的制造商，一般都以低廉的价格出售入门机以吸引顾客，随着顾客技术的熟练，之后会有购买高级机的需求。沿着顾客的生命周期去开展业务，不仅可以降低营销成本，还能将客户终生价值（LTV）最大化。

无论你的顾客是个人还是企业，它在生命周期的初期资金肯定是匮乏的，有很大的资金需求，但是到了后半部分资金一定会有富余。所以这就需要我们能够及时地捕捉到这些需求以及支付可能性的变化，获取顾客，使交易变得持久。当然变化不仅限于资金，在明星出道初期资助其多参加活动，待其成名之后，这些成本全都可以收回来（具体参考《商业模式·入门篇》）。

与顾客相同，销售渠道也是有生命周期的。举个简单的例子，对于啤酒厂商来说，餐饮店是它的销售渠道，在其创业初期为其提供资金支持是很好的做法。再如，对于高级医院来说，一般诊所的医生也是它的销售渠道，因为诊所能看的病有限，一旦这些诊所的病人患重大疾病，你跟这些诊所的医生有联系的话,就会直接转到你的医院。所以高级医院会为诊所的医生提供一定的支持。

2. 项目生命周期

所谓项目的生命周期,是指项目从企划到执行再到跟进的过程。这是服务业常存在的商业模式。例如,一个信息通信技术系统构建项目,要经历构建企划→需求定义→系统构建→测试→投入使用这一系列过程。一个厂房建设的项目,要经历可行性研究→设计→购买机器→建设→运行→维修保养这一系列过程。如果你参与了这些项目前期的几个过程,拿到订单就能够了解这个项目,比起其他公司就有更大的机会拿到后面环节的订单。

3. 产品生命周期

产品生命周期是指已经售出的产品在顾客那里持续运行所产生的生命周期。本章介绍到的"商业模式15 **产品信息反馈**",就是将信息通信技术运用到产品的生命周期中的典型案例。不过即便产品自身不能发送反馈信息,也还是有其他根据生命周期构建的商业模式。在《商业模式·入门篇》中提到过一种**刀片模式**,是指将产品本身以较低价格出售,而随着产品的使用所带来的易耗品和服务以较高价格出售,以此获得收益的模式。使用这种模式的例子不胜枚举,爱普生与佳能的打印机和墨盒就是其中的典型。"雀巢大使"的咖啡机和咖啡盒、日本田宫的汽车模型以及其所需零部件也是其中典型的例子。

对于卖家来说,即便不在价格上下功夫,在出售商品时也应该考虑商品售出之后的维修保养和使用等服务的提供。产品的制造者对产品的设计非常熟悉,且以成本价拥有最标准的零部件,因此相比其他公司能更好地为顾客提供使用和维修保养等服务,而自己公司去维修保养,便于自己了解到产品在使用、保养阶段的操作性能和安全性能,能够从整体去把握产品的可用性,还可以将在保养和操作过程中的最佳体验反馈到产品设计中去。保养和操作处于产品生命周期中较后端的位置,如果能够参与到这些服务,企业的发展概率会更高。具体请参考第 1 章目标市场定义部分的**服务化**的讲解。

4. 资源生命周期

人、技术、信息、设备、原材料等经营资源，也都有各自的生命周期。在这些经营资源发展的前期对它提供支持的话，在它发展成熟之后，就能方便介入。

在本章"商业模式 16 **多窗口**"中介绍的利用视频资源的生命周期以及第 5 章资源的获取中介绍的"商业模式 11 **企业风险投资**"，就是先参与到技术和商业创意的初期，从而控制其整个发展过程。还有，"商业模式 10 **专业服务公司**"中提到的"不晋则退"这种选择人才的方式，其实就是按照人才的生命周期去选拔。

5. 业务的生命周期

产品（业务）的市场性也是有生命周期的。很多业务在生命周期前期都会陷入投资资金不足的窘境，一般到了后期，销售额就会提高，虽然利润率不那么高，但是由于前期有过投资后期不需要再投那么多钱进去，所以到后期收益会很高。建议大家可以同时去做多个产品或者多项业务，将本来用在其后半周期的资金用到前半周期来，这样不仅可以减轻纳税负担，还可以保证企业整体的持久发展。通过这样一种投资管理，业务整体的价值能够被全部发挥出来了。这被称为产品投资组合管理。要注意，这里的产品指的不是物理属性的一个一个的产品或服务，而是某一类的产品的市场性。风投企业一般在创业公司发展初期就为其投资，一方面是考虑到引进其新兴技术和商业创意，另一方面也是为了在其生命周期前期就参与整体业务。

6. 环境方面的生命周期

环境方面的生命周期也能对业务产生影响，有效利用也能为公司带来利润。在如下情况下，也是建议各位尽量参与到规定的生命周期的前期中去。像在医疗、医药等受严格管制的行业与检查、监察、监控设备、安全设备的生产和销售必须按照一定规定来的产业中，常常需要政策立案、规章制度的立案等；如果你能够在这些规定的生命周期的前半部分以协助政府的形式介入政策立案，尽早了解到这些规定的相关信息，争取将对自己有利的内容编入规定中，为自己业务的开展提供便利。

还有就是应该尽量参与到社会趋势等大环境的生命周期前端。例如，禧玛诺在山地车刚开始流行的时候，就向市场投放了大量山地车，紧抓这一潮流，获得了压倒性的优势。

第8章

财务模型

商业模式17　定额制

● 苹果、奈飞、美尼康、ROUND1 等

模式概要及示例

定额制是指与实际提供给顾客的数量无关、将某一次或者某一个期间内的价格固定，从而提高顾客的接受程度、提高营业额的模式。由于每月收取固定金额的交易与报纸杂志的订阅类似，所以这种模式也叫订阅模式。

定额制的典型例子，是互联网链接服务。互联网链接服务一般都是定额提供的，与其用户的使用时间及发送和接收的数据量都无关，费用是每个月固定收取的。美国的市内话费与日本的网费相同，都是每月收取固定费用。

在美国，提供音乐服务的苹果音乐软件很受欢迎，其营业额在不断提高。使用苹果音乐软件，每月交固定的费用，就可以听3000万首以上的乐曲。只要成为苹果音乐软件的会员，就不用费力去各种网站上找歌曲资源，用户想听什么歌苹果音乐软件上都有，不用自己去管理歌曲。奈飞也是每个月交固定月费就可以无限量收看影片，它在全球范围内已经有了超过6000万的会员（截止到2016年4月）。很多租赁业务都采取定额制。奈飞最早是像日本的

DMM.com 一样，每月收取月费，出租 DVD，当时大获成功。现在，奈飞的租赁由线下变成了线上，以前，只要将 CD 返还就可以无限租赁不同的 CD。奈飞大获成功之后，很多其他行业也纷纷效仿这个模式，airCloset 是日本时装租借电商，用户可以在这个平台上无限租借衣服；Licie 在服装之外还做各种日用品的租赁；FreshNeck 是纽约的一家领带租赁平台，只要付月费就可以在上面租借领带。

图 3-7　定额制（概念图）

定额制也广泛应用在租赁以外的行业。Lespas 在日本有两千多家，是带有定额课程的健身房。纽约很多咖啡厅都以月费的形式提供 CUPS 服务。还有 OneGo，是专门针对出差者的一项服务，只要交一定的月费，美国国内航线随便飞。航空业一般都实行**收益管理**（具体参照本章后文示例），坐飞机的人也非常关注飞行的时间和价格，买票有时也是凭运气，只要成为 OneGo 的会员，就可以一次性省去这许多的烦恼。美尼康的 melsplan 服务就是每月交一定的钱，就可以随时享受更换隐形眼镜的服务，度数也可以自由更换。美尼康的 melsplan，也属于**商业服务**的模式，从这里可以看出，定额制是与商业服务相容性很高的模式。

也有很多东西是每次收费或者是一段时间收一次费。日本的 ROUND1 有一项服务叫 spoccha，只要交固定的费用，就可以无限使用多种运动设施，在很多餐厅吃自助，因此受到很多人的追捧。来自法国的地中海俱乐部，是目前全球最大的旅游度假连锁集团，收取一次费用，旅行中的餐饮、活动等费用全部包括在里面，让你玩得尽兴。这种活动餐饮一站式服务的"全包"模式在海外被广泛使用，现在日本也在积极地使用这种模式。

在以企业为对象的服务中，定额制也被广泛使用。培训公司 Tohmatsu Innovation 就以收取月费的方式，每月为对象公司提供多次培训服务。

价值创造过程

定额制是指，每一段时间或者每一次向顾客收取固定的费用。

顾客只要购买一次，在每次使用的时候不会有价格的压力，而且由于服务是无限提供的，顾客在使用时感觉很自由，满足感大大提升。由于使用的量不会超过已交的价格，所以顾客可以放心使用。

从价值的提供者——公司的角度来看，定额制有以下几个优点。第一，采取定额制之后，不用再花费人力、物力去计算价格。这给通信等行业带来非常大的便利。在通信行业，如果在计算费用时采取单独计算每个人所使用的费用的话，这种信息技术系统的投资成本非常高，但是如果采用定额制计算的话，成本会小得多。第二，使用定额制，就不用一直跟踪顾客的使用量了，收费的时间也很自由。Super Hotel 不会对房间里使用的电话费和饮料等物品按使用的次数和数量去收费，所以可以不在退房时收取而是在住宿时收取费用，也就不至于在每个退房的早晨都很忙乱。很多采取定额制收费方式的服务都是在使用前收费，这样可以达到抑制流动资金的效果。而且如果是每月自动扣费的定额制服务的话，还有顾客不易流失的好处。

像通信和内容分发等行业，设备的费用是固定的，而且对内容所有者来说，顾客使用的时间也基本是平均分配的，因此从整体上看费用较为固定，采用定额制的风险也就较小。

使用定额制，虽然每一位顾客的使用率会增加，但是按使用量计费时顾客大多是有所克制使用的，所以定价比按量计费时高顾客也不易察觉，这样来看的话，采取定额制不一定收益就减少。每个顾客的使用量有多有少，整体来看，总的使用量还是与预估值较为接近的。并且一般来讲，采用定额制，顾客会比按量计费制增加，从这个角度来看营业额也在增加。

为何能够保持优势

一旦顾客开始从你公司定额购买某项服务，他就会不自觉地一直在你家购买。因为对于顾客来说，交一定的费用可以无限使用是非常划算的。这样一来，同样类型的需求，顾客会全部从你的公司购买。

如果可以定额提供多个产品或多项业务的服务，还可以产生独特的优势。例如，在ROUND1只需交一定的费用就可以无限使用多种运动器械，那些只提供一种运动设施的商家就不可能成为它的竞争对手了。

收取同样的价格，能提供越多项服务的企业越能吸引客户，因此像苹果和奈飞这种规模大的企业使用这种模式就能大幅提高利润。规模大、备货品种齐全的企业，通过定额制能吸引更多的客户，更多的客户反过来又会促使备货品种更加齐全，从而形成良性循环。

适合使用这种模式的企业

因为是定额收费，即使顾客的使用量很大也不会陷入赤字的情况，这种模式比较适合成本较低也就是毛利润较大的行业，像通信和健身房等设备行业。不过也有例外，美尼康虽然是制造业，但是隐形眼镜只是开发成本高，开发出来了之后制造成本其实很低（毛利润大），所以也适合使用定额制这种模式。另外，餐饮业一般成本都只占到售价的三成左右，也是毛利润很大的行业。

注意

在定额制下，顾客一次性交费可以无限使用，顾客的使用量超过预期的可能性很大。在设定价格的时候，要能清楚地把握从按量收费变为定额收费之后，每一位顾客的使用量会发生怎样的变化。

另外，如果不是厂家直接将这项服务提供给顾客，而是你作为中间商将价值以定额的形式提供给顾客，你在从厂家采购的时候，就要洞察到顾客过量消费的风险，从而制定一个较为实际的价格。定额提供内容服务时，大多会从总收入中扣除服务业务者的差价，再去设定销售价格。

补充

定额制是一种定价方式，采用这种方式，能够大幅改变与竞争对手的优劣关系。

定额制是一种收入模式，相对来说是比较自由的，即便如此，定额制的费用计算过程以及它对资源的影响（其实并不需要这种影响）还是存在的，这一点也需要大家注意。

收入模式可以从费用收取过程和价格决定方式两部分来考虑，但是定额制的费用是事先收取的，所以很难将两者分开来考虑。

小结

模式概要

- 在这种模式下，商品或服务的价格与使用量无关，收取固定的费用，因此也叫预定制。

效果

- 顾客不会在每次使用时都感受到价格给自己带来的压力，定额制可以给顾客带来安心感，从而增加顾客数量。
- 这种模式可以将其他公司的客户吸引到自己公司来。
- 这种模式下大多可以每月自动扣费，这样一来可以与顾客长期交易，获得收入。
- 从公司角度来看，省去了每次计费都要使用的资源消耗，收费的时间也可以自由决定。
- 像电话和设备租赁等可变成本较小的业务，采用这种模式，费用和收入可以相抵。
- 每个顾客的使用量不同，但是顾客一多，就可以平均化。
- 拥有多家店铺或多种服务，有多个业务的企业如果以固定费用将这些服务都提供给顾客，会比其他公司更有优势。

其他

- 适合毛利润高的商品和服务。
- 顾客希望能在这个固定费用的范围内尽可能享受更多项的服务，所以备货品种越齐全就越能吸引客户，要在这个上面下功夫。

> **学习要点**
>
> - 是收入模型中定价方式的一种，仅凭定价方式就能获得优势。
> - 价格的设定可以与其他模式要素无关，因此定额制模式下，价格计算可以不去考虑资源和功能，但是这个价格会给经营资源带来一定的影响。
> - 一次收费中提供多项服务，也可以看作捆绑销售（绑销）的一种。

专栏　商业模式画布

在描述商业模式的框架中，有一个框架特别有名，叫"商业模式画布"，是由亚历山大·奥斯特瓦德等人提出的。

如图 3-8 所示，商业模式画布将商业模式用 9 个要素来描述。

KP 重要伙伴	KA 关键业务	VP 价值主张	CR 客户关系	CS 客户细分
	KR 资源		CH 渠道	
CS 成本结构			RS 收益来源	

图 3-8　商业模式画布

之前讲过的 V4 模型和四盒模型是价值交付的机制，而商业模式画布在其基础上，还加入了目标客户群体以及客户的获取和维持机制。商业模式画布从顾客和价值主张这两个目标市场的要素出发，网罗了获取这两个要素的机制，同时也关注到了财务和公司间合并的情况，是一个网罗性很强的框架，受到较高评价。

如果硬要说这个框架的缺点，从商业的要素来看，这看起来并不像是一个机制。这是每个要素的命名方式所造成的。这个框架的表现形式与资产负债表相同，将商业要素分解，给人以分类分析的印象。例如，如果是客户关系，商业模式画布并不将其看作留住客户的机制，而只记载与顾客所构建的关系的种类。如果是核心资源，在这个表里只会记录模式中所用到的资源的种类，而不会记录获取这些资源的机制。所以说，这个表里记录的只是静态的东西，所以在看这个表的时候，你可能很难想象这个模式具体是怎么运作的。

构建商业模式的重点：财务模型

"财务模型"分收入和成本两方面来考虑

财务模型是从金钱方面来考虑的商业模式。

财务模型可以细分为收入层面的收入模型、成本层面的成本模型，以及两者兼顾的全体财务模型。

首先我们来看收入模型。

收入模型（收入层面的模式）

收入模型包括向顾客收取费用的过程和定价方式这两个方面。这两者在概念上是区别开来的，但实际操作中两者又是紧密相连的。

顾客在买东西时一定会考虑价格，所以收入模型用好了，就一定能比竞争对手有优势。收入模型与之后要讲的成本模型不同，它不太受其他要素的影响，所以在设计上有很多自由发挥的空间，也较易与竞争对手产生差异。但是反过来，由于不受其他要素影响，收入模型也较易被竞争对手模仿。说得极端一点，只有基于成本模型制定的价格才不易被模仿。

首先我们来看收费的过程。收费是在接受预定、提供服务之外与顾客沟通的第三个渠道，在考虑收费过程的时候要考虑以下几个要素。

什么时候收费（When）：在整个交易的过程中，什么时候去收取费用。可以在提供服务之前收，也可以在之后收。在定额制的部分也提到，定价方法不同，收费时机也就不同。

向谁收费（from Whom）：付费的人不一定是享受服务的人。像被看护者和他的家人，夫妻共同使用，同一平台的两个网站等，服务设计不同，收费对象也不同。前面讲到过，Gnavi 和 Tabelog 虽然看起来是相同的，但是其收费模式是完全不同的。Gnavi 的收费模式是向在上面登载信息的餐厅收费，而 Tabelog 主要是靠广告盈利。女性内衣品牌 Peach John 附有女性在线上选取内衣委托男性支付的功能。

顾客在为什么东西付费（to What）：即便看起来是完全一样的东西，付费的对象不同就能产生独特的优势。例如，找人代购，代购费是算在商品的费用里一起给代购者，还是商品按原价，另付代购费，这是两种不同的收费方式。我个人认为，在日本，顾客更加倾向于对商品付费而不是对服务付费。

如何收费（How）：随着金融技术和服务能力的提升，出现了银行卡结算、网络第三方结算、便利店结算等新的付费方式。因此，有些原本收费不便的业务现在都能灵活收费了，收费模式在设计上灵活度也就更高。

有关定价方式的模式

- **定额制**

具体请参照本章。

- **按量计费**

大多数的交易都是按量计费，但是如果你把通常不是按量计费的商品或服务按量计费的话，顾客就不会有"付了那么多钱没用到那么多量亏了"的感觉。根据运行里程计算保险费的汽车保险使用的就是这个模式。同一项服务，使用按量计费制也可以采取不同的标准。例如，通信费的按量计费，有按使用次数计费、按使用时间计费、按使用电量计费等不同的标准。

・成功了才给报酬

猎头公司在人才真的跳槽了之后才会得到报酬，律师胜诉了才有报酬等就是这种模式。成功，成为付费的必要条件，这个费用具体怎么定，还得另外签合同。如果没有成功，顾客就不用付钱，对于顾客来说风险降低了，所以更容易吸引到客户。另外，这样也让提供服务的公司有动力，因为没做成功就得不到报酬了，所以他们对每个项目都会全力以赴。

・收取相关产品价格的一部分

金融顾问帮助公司完成一项收购案，顾问的报酬就从收购价格里提成；房屋中介的报酬就从房屋的价格中提成；税务师帮助客户进行遗产税的申告时的报酬就是所继承遗产的提成；猎头公司所得的报酬就是跳槽者年收入的提成。这是一种针对物品抽成的收费方式，这种方式顾客容易接受。而这又不属于之后会讲到的**成本增加**，所以是获取高额的利润的机会。

・各种优惠

优惠很多种，以下几种是较为常用的模式。①学生和退休老人都没有收入，但是他们有很多的闲暇时间，对价格很敏感，有专门针对这类人群的学生折扣和老年人折扣；②为长期交易做铺垫的"试用价格"优惠；③为吸引顾客长期在自己这里买东西，专门为长期消费的顾客提供优惠；④为孩子、妇女等能带来其他顾客进店消费的顾客提供优惠；⑤为引导顾客选择网络或是 ETC 等自动化的设备消费，给使用这种方式消费的顾客提供优惠；⑥为避开高峰时段，给在闲暇时段使用服务的顾客提供优惠，吸引顾客在闲暇时段选择服务；⑦为促进销量，买得越多、折扣越大；⑧为介绍他人购买自家产品的顾客提供一定的优惠等。

・保险费

保险是购买者为减少风险所支付的费用，购买保险可以延长使用时间，所以接受度很高。作为卖方的厂商和零售商都有一定的维修能力和提供替代品的能力，而出现故障的商品数量与卖出的商品总数量比起来根本不算什么，所以卖方的负担并不大。

动态定价的商业模式示例

这是一种不固定价格，根据交易的时机以及与其他顾客之间的竞争关系等动态定价，从而将卖家的收益最大化的模式。

具体有以下几种。

·收益模式（收入模式）

这种模式以有限的设备能力为前提，动态控制价格以求在这个能力之下将收入最大化。航空公司和酒店常用这种模式，在欧洲这种模式也被用于铁路。淡季适当降低价格，以便将所有座位都卖出去；旺季适当提高价格，以有限的座位数谋求最大收益。制定价格的主导权牢牢掌握在卖家手里。

·拍卖

这是一种买家竞价的方式，严格来说，分为求最高价格的拍卖和求最低价格的反向拍卖这两种形式。反向拍卖是指，价格依次出低，最先出价的顾客得到此件商品。价格由低到高的拍卖又叫英式拍卖，反向拍卖又叫荷兰式拍卖。日本 KOMEHYO 公司每隔一段时间就将二手衣物以克为单位出售，且每克的单价会依次下降直到售完为止，这也可以看作一种反向拍卖。这种模式下，定价的主动权在买家手里。

如何选择定价方式

以上介绍了多种定价方式，下面介绍一下该如何选择定价方式。

重视周转率[①]（营业额）VS **重视利润率**[②]（利润幅度）：如果是薄利多销总体利润也不差，相反，如果想要每一次的交易收益更多，那么销量就不会有那么好。

成本加成 VS 基于价值：在每一件商品单独估价的时候，为了避免价格不正当，一般都是基于成本去估价。除此之外，还有一种定价方式是基于顾客将其买入之后商品能为其提供的价值去定价，让顾客觉得以这个价格买这件商品物有所值。前者叫作成本加成，后者叫作基于价值的定价。价格是由成本和顾客所感觉到的价值决定的，定价低于成本，卖家不会卖，定价高到让顾客觉得不值这个价，顾客就不会买。一般基于顾客感觉其价值的上限来定价，也就是基于价值定价的方式定出来的价格要高一些。

前期的低收益与后期的收益增加：在生命周期模式中，在某一资源生命周期的前期就参与进去，与其建立联系，后期收入增加是常有的现象。例如，你在顾客生命周期的前端就参与进去，虽然当时他买的东西便宜，你的收益不大，但是随着他的年龄增长、收入增加，他会购买价格高的商品，你的收益也会增加。还可以利用产品生命周期的刀片模式（具体参照第 7 章示例部分），商品本身以低价出售，但是产品需要用到的消耗品及服务以高价出售。

成本模型（费用层面的模型）

与收入模型相对，成本的结构和决定机制叫作成本模型。

关于成本首先要考虑的是，如何在成本上比竞争对手有优势。成本上的优势会反映在价格上，就会产生价格优势；而且价格低，卖得就好，收益好就会

[①] 周转率：自有资本、财产、商品现存量等与销售额、产量的比例。自有资本周转率的计算方法是年销售额除以自有资本。——译者注

[②] 利润率：相对于销售额或投资等的利润的比例。——译者注

有更多的钱用于投资，所以成本优势是非常重要的。产生成本优势的源泉，有以下几种。

规模经济：以大规模为背景带来的低成本称为规模经济。这个是带来成本优势最基本的一种模式。在这种模式下，大多会形成良性循环，让竞争对手望尘莫及。

范围经济：我们将多项业务共享设备等资源从而带来低成本的模式叫作范围经济。日本的餐饮连锁巨头 Skylark，旗下有 Gusto、Bamiyan、蓝屋等多个品牌，这些品牌共用同一个中心厨房和配送体系，从而达到降低成本的目的。

高运转率：想办法让自己的设备等资产的运转率高于竞争对手，从而达到降低成本的目的。主要有以下几种典型模式。

向高密度需求集中：只在需求密度高的地区或市场开展业务，这样可以提高设备的运转率，分配到每一件商品的成本降低，定价便可以降低。廉价航空只飞需求高的线路，从而保证每一次飞行都可以尽量做到满座，就是一个很好的例子。这被称为只干赚钱买卖（具体参照第二部分第1章及《商业模式·入门篇》）。

利用休眠资产：利用原本未被利用的资产，可以降低资产成本的分配。房屋租赁社区 Airbnb 就是将未被使用的住所作为临时住宿提供给旅客。

多用途使用：将同一设备或资产以不同的用途提供给不同的顾客，这样可以节约设备成本。例如，三得利和 UCC 上岛咖啡合资的企业 PRONTO Corporation，白天将其设施作为咖啡厅使用，晚上作为酒吧使用，大大节约了设施成本。

差异分配不同收入来源的成本投资：前面所讲的规模经济、范围经济、高运转率都是真正削减成本的机制，而有差异地分配不同收入来源的成本投资，可以在表面上获得低价格。具体有以下几种模式。

副产品/废弃物/过剩库存品：豆腐店的豆腐渣、炼油产生的硫黄、炼钢产生的炉渣、作为处理污水燃料的污泥、用作家畜饲料的便利店废弃的便当等副产品和废弃物，由于这些损失都已经被计算在主产品的价格之内，所以可以认为其成本为零。

吸引顾客与收益性：如果有多种业务收入来源，你可以有意地降低一部分业务的价格来吸引客户，再引导这些客户去消费其余高价的商品或服务，从而提高整体收益。

用多余的产能进行生产：一般来说，在生产完预定的产品之后所剩的生产能力，其实已经算在之前生产的成本里面了，所以可以不用考虑多余的产能生产出来的产品设备成本和人员成本。自有品牌就是利用这种成本分配的一种商业模式。但是如果你的价格低于正常价格太多，在国外销售的时候就会被认为是倾销，这一点需要注意。

产业价值链中的不同位置带来成本结构的差异：越是处于产业价值链上游的企业，或者说越是跟处于上游的企业合作，你的产品的成本就会越低，库存量很容易上去。这样一来，即便将库存放在价值链下游的位置，也不需要那么多的周转资金。富士药业就将自己生产的药品存放在客户那里，大金工业收购海外的代理店，将空调放在它们的仓库里。

找出并回避成本动因

接下来我们来看成本动因。如果能够找出是什么在产生成本，并且想办法去回避它，就可以减少成本，从而扩大收益。例如，"办公室格力高"拥有自己的配送体系，由自己公司的送货中心配送，如果增加配送中心的数量，就会增加成本，但是如果不增加配送中心只增加能送到货的地域范围的话，成本就不会增加。所以这种情况下，不要增加配送中心，而是扩大送货范围。

从供应链的角度来考虑成本

最后一点，成本模型与供应链的关系非常密切，希望大家选择从供应链的角度来选择成本模型。具体请参照"第4章供应链"。

全体财务模型

全体财务模型是统筹考虑收入模型和成本模型，利用其差价来得到收益的模型。在构建全体财务模型时，要考虑以下几点。

- **收益水平**

要事先计算收入与成本之差能否创造出一定的收益。

- **风险**

由于收入模型与成本模型是单独存在的，如果你以各种方式去干预它，很可能会陷入赤字的状况。所以要提前去计算收益，要考虑在销售额减少、原材料价格上升等极端情况下，收益会有多大的浮动，要提前知道什么样的情况会陷入赤字。

从资金周转的方面来看，风险低的业务，财务杠杆率①可以提高，资本净值的收益率可以提高，所以就算业务本身收益低，股东也可能得到高回报。

- **产生收入和成本的时机**

在确定收入、成本与现金流的关系的时候，首先要确认的是设备等前期投资的规模。为了弄清投资规模，首先要弄清我们之后会讲到的构成商业模式的最小单位。

更要注意的是，产生收入和成本的时机。一般情况下，是先接受预定，开

---

① 指借款占投资额的比例。——译者注

始生产，再收款。也就是说，先产生成本，之后才会有收入，这之间有时间差，产品就作为流动资本滞留。如果是预先生产，这之间的时间差会更大。不过，之前提到的定额制是先收款。另外，预付等模式也是先收款，于是资金需求为负（顾客越多，资金越多）。收付款的时机还跟收付款的地点有关。根据这些，你可以判断大概能有多少流动资金。

与全体财务模型相关的抉择

有一些抉择与收入模型和成本模型两者都有关，例如下文这些。

• 高价 + 品牌推广 VS 低价 + 没有品牌

是进行品牌推广、高价出售商品，还是以低廉的价格为武器、不去做广告宣传，这是一个抉择。在销售化妆品、服装、日用品、钟表、音乐设备等商品时，可以多做品牌推广并以高价出售，也可以只依靠功能和低价出售，不去做宣传。

• 外部 VS 内部

是直接卖给顾客，还是卖给外部渠道的经销商，再由经销商卖给顾客，这两种方式在财务模型上有很大区别。直接卖给顾客可能没办法一下子找到那么多客户，但是毛利润高；通过经销商再去卖，毛利润相对来说就低一些，但是销量就上去了。如果是项目类的服务业，最大的风险就是项目超限，如果直接为顾客提供服务很可能会项目超限，但是如果经过一个中间商去提供服务，虽然利润相对较低，但没有超限的风险。

不仅仅是销售渠道，从资源的层面来看，是从外部调拨还是从内部调拨，在成本结构上都会产生很大的差异。像技术和人员等资源，如果从外部调拨就可以节约研发费用和人员的培训费用，但是要付委托费等费用，价格也是很高的。如果从内部调拨资源的话，与之反过来考虑就可以了。

也可以参考供应链一章中所讲到的自己制造还是委托给外部制造这一抉择。

- **是损失大还是收益大**

有句话叫"吃小亏占大便宜",这句话用在商业模式上是再合适不过的了。很多模式都是某一要素成本高、价格低,但是能使其他要素的收益提高。杜邦分析法①认为,没有必要要求自己的所有要素都比对手强,只要整体来看优于对手就行了。

我们之前也多次提到,在商业流程或是生命周期的前半部分有损失,但是在后半部分盈利的模式有很多。

另外,还可以有意将成本不均地投资到不同的项目,创造一种独特的模式。故意降低收益的做法毕竟不是常规做法,因此不会被人轻易模仿。孙子云,"策略即诡计",反常道而行之的财务模型往往可以获得成功。

模式的最小单位

最后一点,大家在构建全体商业模式时应注意,构成商业模式的最小单位是什么。例如,如果是连锁店,每一个店铺有独立的财务,那么整体的财务就是店铺数量与之相乘。之后会讲到,构成商业模式的要素里有一个要素叫作原型,这里的原型是指为了将失败的风险降到最低,先在一个最小单位内试运行一种商业模式,如果能够成功就将其扩大。

一般来说,行业巨头会将自己的商业模式在大范围内运行,而新入行的小公司大多从小处摸索起。例如,航空公司的商业模式有轴辐模式②和廉价航空两种。轴辐模式计算的单位就比较大,廉价航空模式都是飞短路线,计算的单位就比较小。行业巨头一般喜欢采取新手公司无法采取的轴辐模式,而新手公司大多采用像廉价航空这种**只干赚钱买卖**的模式。

---

① 杜邦分析法(DuPont Analysis)是利用几种主要的财务比率之间的关系来综合地分析企业的财务状况。——译者注

② 现有的安排建立在"轴辐模式"(Hub and Spoke Model)基础上,航空公司的每条航线都要经过某个地区性枢纽。——译者注

业务间机制篇
BUSINESS MODEL

第四部分 商业模式分论③

让多项业务联动地参与竞争，可以扩大机制的规模和范围，比只有一项业务去竞争更加有利。业务间的机制也有一定的模式。

业务间的机制有整合和合并两种。两者的区别在于，整合是让不同的业务自发地联动起来，而合并是将其所拥有的业务强制性地联动起来。通过收购或兼并等方式，都能强制性地让业务联动起来。

以前，合并并不算是商业模式。近几年，随着企业并购的盛行，很有必要将合并当作一种模式来研究，因此，本书将其单独分为一章进行详细讲解。

第 9 章

合 作

商业模式 18　经销权

● 7-11、公文教育、喜来登、21 世纪、酒店连锁等

模式概要及示例

经销权模式是指总部发放特许经营权,自己不开展业务,而是与加盟商签约,让加盟商自己出资,总部为其提供商标、运营流程、运营策略、信息技术系统、商品、原材料等,以收取特许权使用费或者委托费等形式获得收入。经销权模式下有总部和加盟商这两个主体,这里主要介绍的是从总部角度来看的模式。

很多种类的连锁店用的都是经销权模式。餐饮业的 Skylark、连锁便利店 7-11 都是使用这种模式的典型。还有像公文教育和河合塾这样的培训机构,威斯汀和喜来登这样的酒店,车检行业的 Kobac,药店业的 Usagi 制药,服装清洗行业的白洋舍,房地产业的 21 世纪,另外还有养老院、骨科诊所、侦探业、高尔夫店、美容院等各行各业采用的都是经销权模式。还有汽车 4S 店,虽然不直接叫经销商,但模式也与经销权模式相似。汽车经销商通过让地方的大型企业和财团作加盟商,来保证店铺能设在中心地段,并且能利用他们的关系保证销量。

运输行业也使用经销权这种模式。用轻型汽车运送货物的赤帽公司就是采用这种模式来运营的。日本交通株式会社对中小型出租车业主推行经销权模式，加盟企业的出租车都可以以日本交通的商标在路上运行。这样一来，整个集团的运行车辆数上去了，日本交通在日本人民心中的存在感提高，同时，所有加盟公司可以共用一个打车平台，节省了顾客的打车时间，还能专门设置集团专用的上车地点。还有一个让人意想不到的行业，就是航空业，也使用这种模式。最先开始使用这个模式的是 20 世纪 80 年代的英国金狮航空，我们比较熟悉的航空公司亚洲航空采取的也是这种模式，它在很多国家都设有经销点，亚航日本就是其中的一家。

现在农业也开始使用这一模式，有些企业开始用连锁农场的形式培养新农民。

商业元素		总部	加盟商
资源	资本		√
	人员·设备		√
	品牌	√	付款
	运营模式	√	
	日常用具·商品	决定	
收支	销售额		√
	商务成本		√
	盈利	特权使用费	商业利益—特权使用费

※ 也存在与此图不同的安排方式。

图 4-1　经销权机制

价值创造过程

在经销权模式中，总部提供品牌和经营模式，加盟商自己出资、自己经营。

一般情况下，人员是由加盟商自己雇佣的，但是也有像 Super Hotel 这样总部直接派人过去的情况。总部可以从加盟商那里得到特权使用费、人员培训费、设备的使用和保养费用、商品和原材料的费用等。这些费用比起自己经营来得更加实在，企业采取这种方式可以规避风险。

对于总部来说，可以完全不考虑资金的问题，迅速扩大事业。企业在发展壮大的过程中，有时对设备的投资以及流动资金的要求会突然增加，但是在经销权模式下，大部分的资金都是由加盟商承担的，所以总部不必有资金方面的负担。而且总部也可以利用加盟商的关系网。之前提到的 4S 店会将地方上有影响力的企业和财团作为自己的加盟商，也正是基于这个原因。

对于加盟商来说，虽然必须向总部支付各种各样的费用，但是可以得到总部已经确定好的商业战略和总部的品牌，从而迅速开展自己的业务，在开店初期就可以以高价出售商品、销量也不会差，利润很快就可以提高。

从之前提到的亚洲航空的案例也可以看出，跨国连锁还有很多其他的优点。首先，即便是对外资有限制的国家或者行业，如果是以连锁的形式进行，就容易挣脱这些限制。像航空业就是对外资限制非常严重的行业，但是连锁店的方式就可以行得通。跨国开展业务，可以迅速扩大业务规模，特别是对于想要跨国开展业务但又受限于该国对外资的限制时，连锁店是一个很好的选择。虽然总部会向加盟商收取特权许可费、设备使用费、原材料费用、培训费等一系列费用，但这并不是在转移利润，有些新兴国家可能担心外资企业把钱都转走，但是这种模式不是这类情况。而且总部可以在加盟商交税之前就收取费用，不会有逃税的嫌疑。

为何能够保持优势

采用经销权模式可以迅速地开多家店，这样一来，在竞争对手模仿之前，规模已经很大了。

适合使用这种模式的企业

经销权模式之前一般被用于服务业、零售业、小规模运输业等较为分散的产业。

但是从亚洲航空的例子中我们可以看到，电力、铁路等重工业、管制行业等也是有使用经销权模式的可能的。例如，新加坡电信有限公司对印度、菲律宾、孟加拉国、印度尼西亚的电信公司都有少量投资，与它们共享经营策略以及共用一个计算费用的信息技术系统，向其收取一定的使用费。新加坡电信有限公司虽然没有与这些国家的公司共享品牌，但是与亚洲航空相同，都是与经销权模式相似的模式。

迄今为止，制造业基本没有使用经销权模式的案例，但是也可以设想一下该模式用于制造业的情景。虽然目前制造行业基本采用定牌生产（Original Equipment Manufacturer，OEM）模式，以委托生产并与委托方进行收支核算的方式开展商业活动，但也可以在提供品牌、技术、重要零部件以及制造技术的基础上与供货商进行收支核算，即制造行业采取经销权模式也是可行的。胜家（Singer）缝纫机制造大体上采用的这种模式，各国伙伴公司制造的缝纫机都用胜家的商标来销售，日本HAPPY JAPAN公司也被特许使用胜家这一品牌。近来植物工厂也开始使用经销权模式。

注意

经销权模式下，总部会把所有的经营策略毫无保留地教给加盟商，要注意提防加盟商获得了经营策略之后独立开公司。所以一般在合作的时候，总部和加盟商之间会签署一个竞业禁止协议，要求加盟商保证合同期满之后不会实施与总部的营业具有竞争性质的行为。并且加盟商的工作人员也有可能将经营策略带出,所以要注意只让他们接触到其中的一部分。

还有一点,由于加盟商并不是分公司,是不属于自己公司的,总部并不可能完全控制他们,所以很难保证他们不会做出什么有损品牌形象的事。星巴克所有店铺都是直营的,没有开放给任何加盟商,因此它可以牢牢地对从店铺装修风格到运营方法等一系列事项进行控制。其实,星巴克有意降低顾客对同一家店的回店率,以期提高整体的利用率。如果将经营全都交给加盟商,加盟商一定都想办法让顾客只来自己的店铺,这样反而会降低星巴克整体的品牌效应。

最后,加盟商也都是独立的商人,加盟商之间相互竞争的可能性也很大。一般来讲,总部为了防止这种情况的发生,会给加盟商在一定领域内只开这一家店的保证,但是这样一来给扩大开店范围带来了阻碍。

补充

经销权模式,是商业合作伙伴之间分担资金、风险、收益的模式,总部与加盟商之间没有资金纠纷,加盟商可以只考虑风险收益等,可以自由地设计业务。从财务的分担上,也可以看出两者是伙伴关系。

经常发生由于日本企业为他国企业提供技术和商业策略,导致他国企业最终成为自己的竞争对手的事件。所以今后日本企业在为他国企业提供技术时,可以考虑采用这种连锁店的方式,以防止合作伙伴变成竞争对手。

小结

模式概要

- 总部提供品牌、运营流程、经营策略、信息技术系统等，加盟商向总部支付特权使用费，并且自己出钱、雇佣劳动力开展业务。
- 经销权模式与业务流程和资源的使用方法无关。

效果

- 对于总部来说，采取经销权模式比直接经营要节约资金（这一点对还在发展中的企业特别有利），而且由于收入来自特权使用费，与经营状况无关，可以减小风险。另外，还可以利用加盟商的关系网来吸引顾客。
- 对于加盟商来说，可以轻而易举地得到总部的品牌效应以及运营策略。
- 总部可以支配业务，并且确保利益，还可以在加盟商交税之前就抽取利益，这样可以避免一些国家对外国企业抽成的限制。

其他

- 与**麦当劳化**（具体参照第二部分第 4 章示例）的相容性强。
- 零售、培训班、餐饮、养老院、汽车销售、酒店、房地产等行业采用经销权模式的企业较多，不过像航空和通信等有资本限制的行业也可以采用这种模式。

> **学习要点**
>
> - 这种模式是投资、风险、回报的分配问题，不是商业流程和资源的使用方式的问题。所以在商业模式的两个要素——结构和推动力当中，这种模式侧重的是结构。
> - 在这种模式下，有无限变动的可能。投资、风险、回报分离在设计上会有很大的自由空间。
> - 在这种模式下，运营模式可以复制，所以它与"麦当劳化"相容性很好，可能很多人认为它与"专业服务公司"的相容性很差，不过像 AKB48 这种，也可以看作专业服务公司在各个分点去选偶像。
> - 不仅适用于连锁店，像基础设施等有国家管制的行业，也可以通过这种模式参与，特别是在有大财团的新兴国家很有效。

商业模式 19　企业集团

● Kindle、Kobo、三井不动产、维萨卡等

模式概要及示例

企业集团是指，将多个企业的价值主张合并在一起，作为一个集团一致对外。

企业集团模式下也有两种情况，一种情况是像零售商和采购商这样，构成企业集团的企业之间有交易关系。另一种情况是构成企业集团的企业之间完全没有交易关系。例如，有关微软的企业集团，与微软兼容的应用程序制造商和打印机等相关设备制造商，虽然与微软没有直接的交易关系，但是为了与其他操作系统（OS）对抗，像 MacOS 和 Linux 都会与微软合作形成一个企业集团。从这个意义上来讲，企业集团可以说是众多合作模式当中最自由的一种模式了。

使用这种模式的例子，除了我们之前提到的微软公司，还有苹果手机的制造商美国苹果公司。苹果公司与软件开发商、配件制造商、内容提供商一体化对抗安卓系统。而安卓阵营，除与这些商家合作之外，还与硬件制造商合作，形成自己的企业集团。这样一来，苹果和安卓的优势就不能仅凭它们自己的功能决定了，而是要看与它们合作的软件开发商、配件制造商、内容提供商是否优秀。像 Kindle 和 Kobo 这样的电子书设备与内容提供者之间，PlayStation 和 Xbox 等游戏机制造商和游戏软件制造商之间也是这样的关系。另外，像企业管理解决方案这种会计和供应链等的业务用软件，会与企业管理解决方案驱动硬件、操作系统、能与之兼容的数据库等相关软件一起被导入企业，形成一个系统集成，也就是企业集团。然后这个系统作为一个整体，去与其他的系统竞争。

除了信息通信技术之外，也有用到这种模式的例子。像三井不动产和三菱地所等购物中心的运营商，它的竞争力其实在于，在它这个购物中心开店的店铺的质量。在维萨（VISA）卡领域，三井住友等 VISA 卡发行商，与加盟商和管理公司形成一个企业集团，作为一个整体与万事达信用卡等竞争对手对抗。

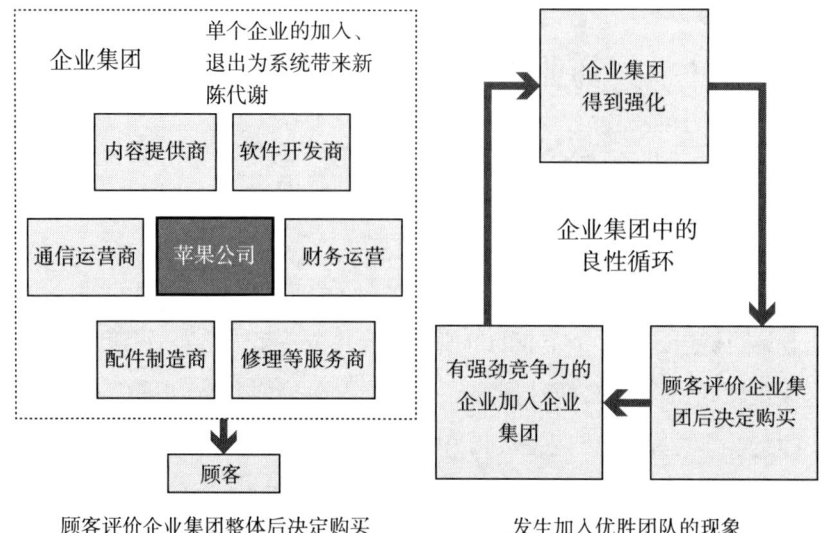

图 4-2　企业集团（概念图）

价值创造过程

一旦形成一个企业集团，顾客在决定是否购买的时候，所看重的就不是单独的企业或是单独的产品了，而会将这个集团内的所有商品或服务组合起来考量。也就是说，企业集团整体作为一个价值主张提供给顾客，顾客看整体的价值就可以了。所以，集团之内的企业，不能只去提高自己的商品和服务的水平，还要着力去提高系统整体的竞争力。反过来讲，如果你属于一个竞争力很强的企业集团，顾客会因为这个集团里别的商品或服务的关系去选择你。

顾客有可能从企业集团内的任何一个部分流入。例如，之前提到的软件企业思爱普的例子中，顾客可能因为对思爱普满意而选择，也可能根据系统集成商的推荐选择思爱普。另外，还有可能因为原本使用的硬件和操作系统的相容性高而选择思爱普。因此，同一企业集团中的各个公司会相互介绍客户，共享客户。可以说企业集团内部的客户是可以相互流入的。

在这种模式下，很重要的一点是，企业集团中的领导企业如何去管理其他企业，以及作为个体企业如何去选择加入哪一个企业集团。因此，对于集团中的领导企业来说，要将其利益的一部分拿出来，用于培养下面的合作企业。

为何能够保持优势

企业集团之所以比其他的企业集团强，是因为有实力强劲的企业。所以，应该率先与强大的企业发展伙伴关系。不过，说到底，企业集团还是一种比较自由、松散的合作方式，很多有能力的企业很可能同时隶属两个集团。

同一集团里的企业，会相互利用彼此的商品和服务以及顾客基础。有好的企业参与到这个企业集团中来，顾客就会增加；顾客多，就会吸引更好的企业加入，以此形成一个良性循环。这种循环，既可以看作内部良性循环，因为这是顾客与参加企业之间的良性循环；又可以看作外部良性循环，因为以每一个企业为独立单位来看的话，它们自己的商品价值并没有什么改变（关于内部良性循环和外部良性循环，具体请参照"第6章良性循环"）。

注意

构成一个企业集团的企业之间，不一定要签署合同或协议。因此，它与我们之前讲到的用合同和机制连接起来的<u>经销权</u>模式相比，一个集团内的企业，对其伙伴企业并没有什么掌控能力。<u>一旦集团整体的竞争力开始不如竞争对手的集团的话，集团内的企业就会纷纷离开这个团体。</u>所以建议大家与伙伴企业之间签署谅解备忘录（MOU）[①]等文书，定期开会，与集团伙伴之间构建起信任关系。

采用该模式的很有名的失败的例子是索尼的 Betamax。Betamax 是磁带录像机，还可以播放磁带，是一个内容提供者，因此，Betamax 本身可以看作一个集团。与 Betamax 相对抗，当时很流行的是家用录像系统，单就视频磁带系统本身

---

① 谅解备忘录，国际上处理较小事项方面的条约，Memorandum of Understanding，简称 MOU。——译者注

的功能来说，Betamax更胜一筹，但索尼没有将这种方法对其他公司公开，只在自己公司内部生产。索尼之外的所有公司用的都是家用录像系统，所以整个市场上还是用家用录像的多，最后内容提供商就只出售能在家用录像系统上播放的内容，Betamax惨遭失败。这件事情之后，索尼就再也没有采取过自己公司内部来做内容（自己有固定合作的内容公司）这种方法了。不过，也有人说索尼的失败是由于其企业集团内没有硬件制造商。从它的失败可以看出，并不是把系统内所有公司的功能都用上就是最好的。

还有一点，企业集团内部的公司之间可能存在竞争。当然，如果这个系统内没有跟你做同样业务的公司是再好不过的了，一旦有两家以上的企业业务相同，就很可能产生竞争。越是强有力的企业集团，就越有很多强有力的企业参与，其内部竞争就越激烈，所以，从这个角度来看，小的企业集团中，一般情况下同类的企业只有一个，你在里面可以保持垄断地位，相对来说盈利比较稳定。

适合使用这种模式的企业

很多行业的企业集团包含从供应商到销售渠道等的产业价值链整体，另外信息通信技术机器、视频游戏、电子出版等，产品间的兼容性很重要的行业经常用到这种模式。

补充

在现代社会，要想在商场上取胜，靠自己一家企业单打独斗是不行的，要考虑在多个企业之间形成集团，企业集团的模式是一个很好的例子。

现代社会，原创减少，模仿盛行，如果仅靠自己的力量，很难推出新的商业策略，企业间的合作就变得越来越重要。

传统战略论只关注市场以及自己公司的能力，这个模式告诉我们，企业间的合作同样值得注意。

小结

模式概要

- 与其他企业联合，作为一个整体去解决客户的问题。这样一来，可以解决顾客的棘手难题。
- 与其他企业合作，企业之间具有互通性。
- 因此，在企业集团成立初期，就要对其整体进行适当的设计，并吸引有能力的企业参与进来。有时还可以通过发放许可证、补助金等方式，在企业集团内部进行利益的再分配。

效果

- 顾客会对集团整体进行评价来决定是否购买。
- 单个企业的竞争力由系统整体的竞争力决定。
- 好的企业集团会有更多的企业参与进来，形成良性循环。

其他注意点

- 企业集团来源于"生态系统"这个生物上的概念。
- 同一企业集团的企业之间并不签署合同的情况下，一旦系统整体的竞争力下降，就会有企业离开这个系统。
- 同一个企业可以参与多个集团。

> **学习要点**
>
> - 在这种模式下，企业之间的竞争变为企业集团之间的竞争。
> - 集团中的核心企业为了保证系统整体的竞争力，在招募企业的时候要把好关。特别是集团成立初期，能否招到有竞争力的企业加入非常关键。
> - 企业集团中的企业，要积极调整自己的策略和机制，以便更好地在系统中发挥作用。

专栏　笔者推荐的商业模式框架

我推荐的描述商业模式的方法如图 4-3 所示，它与本书第二部分到第五部分基本是相同的框架。

在构建商业模式的时候，与将其分解为经营资源和流程等静态要素来分析相比，将其作为机制（模块）来描述更容易理解。

之前讲到的商业模式画布、四盒模型等，都是描述商业模式结构的方法。所以，这里讲到的分类方法，与商业模式画布具有兼容性（见图 4-4）。但是，生命周期的利用、良性循环等商业模式画布中所没有的要素，在形成竞争优势时都很重要，所以，大家在用商业模式画布分析、构建商业模式的时候，一定要加上我推荐的这种方法来对照思考。

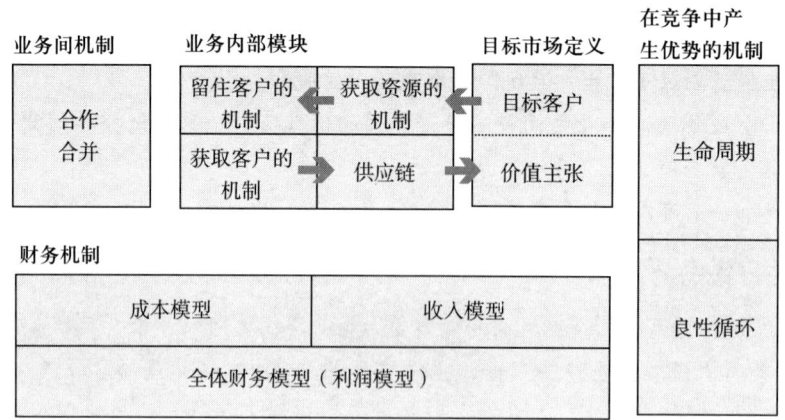

图 4-3　推荐的描述方法

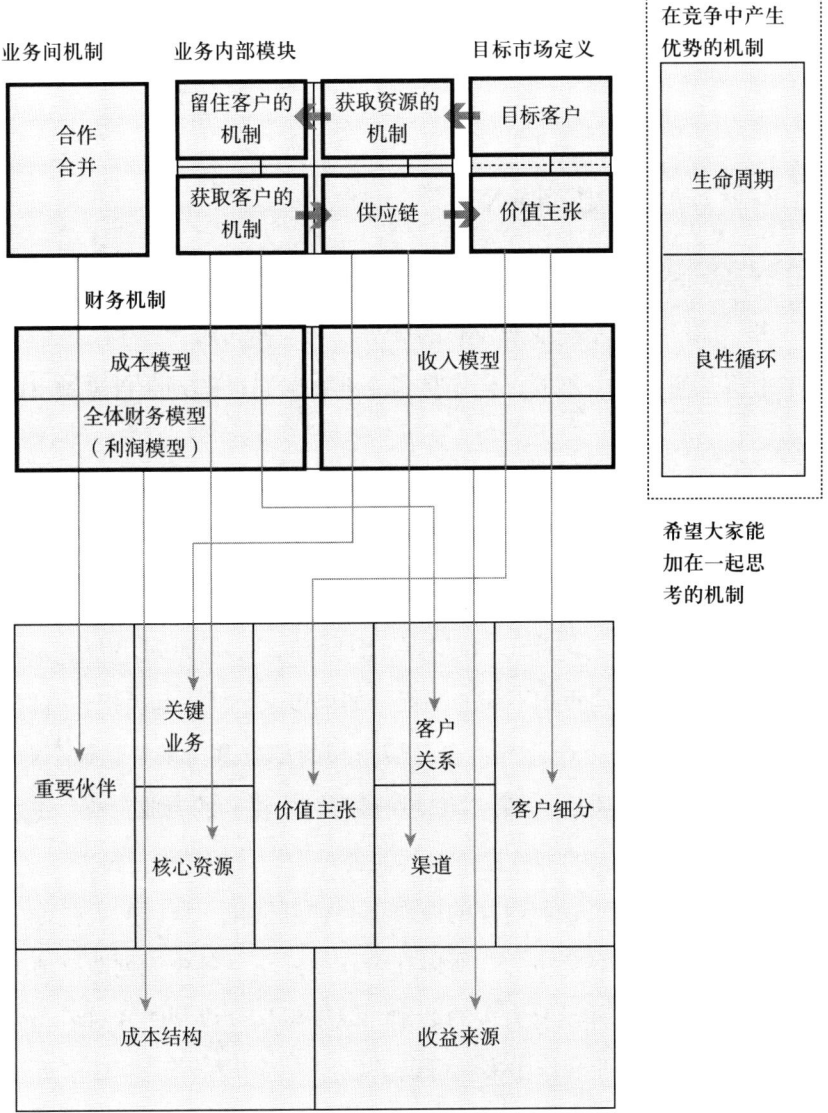

图 4-4 与商业模式画布的兼容性

构建商业模式的重点：合作

合作比单独行动力量更为强大

合作就是共同做某事。在征得其他公司同意的前提下，与其他公司联合起来开展业务，能产生单个企业所没有的优势。与在同一所有者手下被强制一起行动（本书将其叫合并）不同，合作是各企业基于自己的判断自愿做出的联合行动的决定。

两个人一起行动比一个人要强大，企业也是如此，多个企业共同行动比一个企业单打独斗竞争力要更强一些。之所以说合作效果更好，主要基于以下两点：其一是规模，其二是专业性。规模是形成良性循环的基础，只有一家公司的话，往往达不到很大的规模。即便不考虑良性循环，单从风险角度来看，有些业务的风险是一家公司负担不起的，但是如果多家公司一起负担，就好得多。另一点是专业性，每一个企业都将自己最擅长的部分拿出来与其他企业合作，强强联合，提高整体的质量。"第6章良性循环"中讲到的**专业企业**，也是为了扩大规模，将自己最擅长的部分提供给其他公司，去分担其价值链。

企业合作之后，每个企业内部的模块都会得到强化，可以产生横跨多项业务的良性循环，从而提高竞争力。所以在合作模式下，各企业创造价值的方式与本书迄今讲到的方式并没有太大的区别，只要将迄今讲到的针对单个企业的商业模式应用到多个企业合作中去就可以了。

在现代，合作的意义比过去更大。其原因有以下几点：第一，随着产业的成熟，对价值主张和机制的模仿盛行，单个企业能采用的新策略很少。第二，国家和产业之间越来越没有界限，更需要通过合作等方式来实现规模和专业性的集中。第三，随着信息通信技术的发展，企业之间的合作更加容易实现，可以实现比以前更加有效的合作。特别是像共同使用积分制这种营销手段的合作或者是以强化供应链为目的的合作，效果非常显著。

采用合作模式之所以能够保持长久的优势，是因为合作的对象有限，只要先人一步与他们合作，就能获得优势。在某一行业内，只要有一家企业采取了合作的方式，其他单打独斗的企业也就不得不采取这种方式。一旦陷入被动局面，可供挑选的合作对象就少了。所以最好提前设想一下，在行业内会出现怎样的合作，应该采取怎样的措施才能把这个游戏玩到底。

商业模式示例（以强化价值主张为目的的合作）

企业集团

在同一个企业集团内的公司相互之间可以互为渠道，这个模式的本质就是强化各自的价值主张。具体内容请参照本章。

商业模式示例（以获取客户和留住客户为目的的合作）

1. 特约店

与制造业和批发业者就销售方法等签订特别契约后，经销其商品的销售店就成为特约店。对于总公司来说，特约店是很重要的销售渠道。第二次世界大战后，日本很多制造业企业，都吸引强有力的零售商成为自己的特约店，以此防止竞争对手将这些零售店也作为自己的销售渠道，保证自己的市场份额。特约店，是获取客户机制的一部分，通常与供应链相关。像松下电器以前就以拥有强有力的特约店网而闻名，国誉文具也因一直有特约店网，得以在行业内一直保持领先地位。富士胶片也因与有力的胶片零售商保持良好的关系得以在市场内占据一定份额。

但是，随着互联网以及同时与多家厂商合作的大型零售商的出现，特约店模式的优势被动摇。在电气行业，特约店失去了销售渠道的地位，特约店就开始运用这个地域内的社区进行转向了，附加了一些服务销售给顾客。

2. 联合营销

各合作企业通过联合运用某一核心项目，使各企业之间的客户相互流入，这样的行为称为联合营销。最近，还有购买数据后共享、解析数据、对营销进行反馈等产生内部良性循环的做法。

商业模式示例（以强化供应链功能为目的的合作）

1. 在价值链内部的角色分担

在**专业企业**中提到过，控制价值链整体的价值链运营商，将价值链中特定的功能交给专业企业去做，形成多家专业企业合作的整条价值链。

2. 定牌生产

品牌生产者不直接生产产品，而是利用自己掌握的关键的核心技术负责设计和开发新产品，控制销售渠道，具体的加工任务通过合同订购的方式委托同类产品的其他厂家生产。这种方式被称为定牌生产。"商业模式 14 **专业企业**"用到的是最基本的定牌生产方式。在这种模式下，对品牌生产者来说，由于不需要花费资金去购买生产设备，所以可以灵活地确定生产数量。并且委托给其他公司生产，可以降低生产成本。定牌生产既是一种合作，也是一种构建供应链的独特方法。

不过，有一点要注意，行业不同，定牌生产用语也不同，一般来说，定牌生产指的是负责设计和开发新产品的公司，但是在汽车行业，实际的成品车生产商被叫作定牌生产。因为国际标准化组织质量管理体系——汽车行业生产件与相关服务件的组织实施 ISO9001 的特殊要求 ISO/TS16949 将成品车定义为定牌生产，所以它与我们在本书中所讨论的定牌生产不同。另外，定牌生产是指设计 + 委托生产，这与单纯的零售商和进货商之间的关系不同，所以在使用定牌生产用语的时候，一定要确认它具体指的是什么内容。

3. 以资源共享为目的的合作

具体请参考第 6 章中的"商业模式 9 **资源的动态分配**"。

4. 自由连锁

众多小规模企业、零售企业、服务业企业自发地使用同一品牌、同一进货商、同一信息通信系统，以达到通过规模经济带来成本下降、提高品牌存在感的目的。也可以将这种模式看作小规模企业为对抗连锁店（经销权）和特约店模式所采取的对策。在连锁店（经销权）模式下，加盟商需要向总部支付特权许可费，且受总部管制较多；相比之下，自由连锁是独立零售企业自发地联合，可省去这些烦恼。当然，自由连锁也有副作用，自由连锁组织下的管理比较松散，与直营连锁店相比，品牌形象不容易统一，且成本没那么容易降低。

5. 自有品牌

自有品牌，是指零售企业从设计、原料、生产到经销全程控制的产品，由零售企业指定的供应商生产，贴零售企业品牌，在零售企业自己的卖场进行销售。零售企业自产自销商品，省去许多中间环节，使用自有品牌的商品可以少支付广告费，进行大批量生产、销售，可以取得规模效益，降低商品的销售成本。这种模式是以零售企业的销售能力为依托，所以越是销售能力强、市场份额高的企业越适合利用这种模式。对于生产商来说，为其他公司生产商品，可以弥补自己品牌效应弱的不足，而且还可以独占强大的零售企业的生产环节。

商业模式示例（以强化良性循环为目的的合作）

1. 以形成事实标准为目的的合作

为了使自己的产品成为行业内的**事实标准**（具体参照第三部分第 6 章示例），就必须在市场份额上比竞争对手占有压倒性的优势，考虑通过合作的方式来达到这一目的。一旦你有商品成为行业中的事实标准，其他相关商品都会以与其兼容为前提去生产，且你的商品的零部件的供应量也会上升，这样，就会比竞争对手有优势得多。关于事实标准模式的优势，具体请参照"第 6 章良性循环"中**事实标准**部分的解说。

2. 强强联合

强强联合，形成更加强大的良性循环，对于处于行业下游的企业来说，是致命的打击。通过与海外的同行或者相关企业中的强者联合，进一步提高自己的专业水平。

强强联合是以加强良性循环和保持持续优势为目的的机制，任何行业都可以采用这个模式。良性循环的种类与其合作的企业及规模经济等能力相关。

例如，在东京的出租车行业中，大和汽车交通、日本交通、帝都汽车交通、国际汽车这四家大公司发行联合票，且车身的颜色都统一，这样一来，这四家公司以外的公司面临的是一场苦战。可果美与味滋康和日清奥利友建立了食品配送合作联盟，该行业这三家之外的企业再进行合作，都是排名第二以下的企业，无论如何联合都不可能超过它了。

商业模式示例（以财务为目的的联合）

1. 经销权

经销权模式下，加盟商实际上是总部业务的一部分，加盟商提供资金和劳动力,同时可以获得利润回报,因此,可以将其看作财务上的合作。具体请参考本章。

2. 各种联盟

在做某些项目时,由于规模和风险太大,一家企业来做往往难以承受,于是就采取联盟的形式,几家企业共同投资、共担风险、共享回报。投资、风险、回报都有各自的设计。

采用这种模式的情况有,建筑业方面承接超大规模的工程;电影、音乐剧等的上映;制造行业中化合物的探索与试验;航空空间产业发动机和机体开发;矿产业中矿山和油田的开发等。也有一家公司负责吸引顾客和生产商品,其他公司只负责财务上的投资、风险及回报的分担的情况。

第10章

合　并

商业模式20　生产与销售分离的收购整合

● ABB集团、日本烟草公司、松下电器、朝日集团控股等

模式概要及示例

生产与销售分离的收购整合模式是指一个企业去收购一个它还没有进军的国家或地区的企业，将收购的这家企业的生产功能和销售功能分离，让被收购的公司销售总公司的所有商品，又将被收购公司生产的产品在总公司全球范围内的分公司去销售，这是一种创造翻倍价值的合并模式。

最先使用这个模式来创造价值的是ABB集团，ABB由两个有100多年历史的国际性企业瑞典的阿西亚公司和瑞士的布朗勃法瑞公司在1988年合并而成。成立之后，又收购了欧洲各国的重型电机生产商，将它们的销售功能与生产功能分离，在被收购公司的国家销售ABB集团生产的所有产品，同时，让被收购公司专注于生产自己最擅长的领域的产品，并根据各国的需要销往世界各地。这样，不仅提高了产品的质量，而且扩充了产品的种类，使ABB集团最终成为全球性的综合性重型电机生产商。

这种方法十分适用于烟酒等品牌公司。例如，日本烟草公司收购了雷诺烟

草公司之后，在雷诺公司各国的代售点出售自家的七星香烟，同时，又将雷诺公司的骆驼等品牌的烟在自家公司的日本销售网出售。朝日集团控股在 2016 年收购了意大利佩罗尼啤酒、荷兰的 grolsch 啤酒等欧洲四大啤酒巨头，由于这些品牌的啤酒在世界范围内都销量很好，将其收购之后，自然也能保证自己公司的产品在全球范围内的销路。像这种全球性的收购，既增加了销售部门的商品种类，又增加了生产部门（品牌部门）的销路，是一举两得的行为。像三得利等正准备实行跨国收购的企业，在不久的将来也能切实获取这些利益。

如果想推广一种新的商品或服务，这种方法也十分有效。例如，松下公司收购了美国的冷冻陈列冷柜制造商哈斯曼，于是哈斯曼所拥有的所有产品都成了松下公司的，同时，松下公司可以在美国哈斯曼公司的各大销路中出售松下产品。日立公司从意大利重工制造商芬梅卡尼卡集团收购了安萨尔多公司的铁道信号系统产品和相关的服务业务，弥补了日立在这方面的不足，在收购之后，可以出售安萨尔多的产品，也可以将其产品通过安萨尔多销售到欧洲，这样日立商品的种类不仅更加丰富，其价值也得到进一步的扩展、提升。

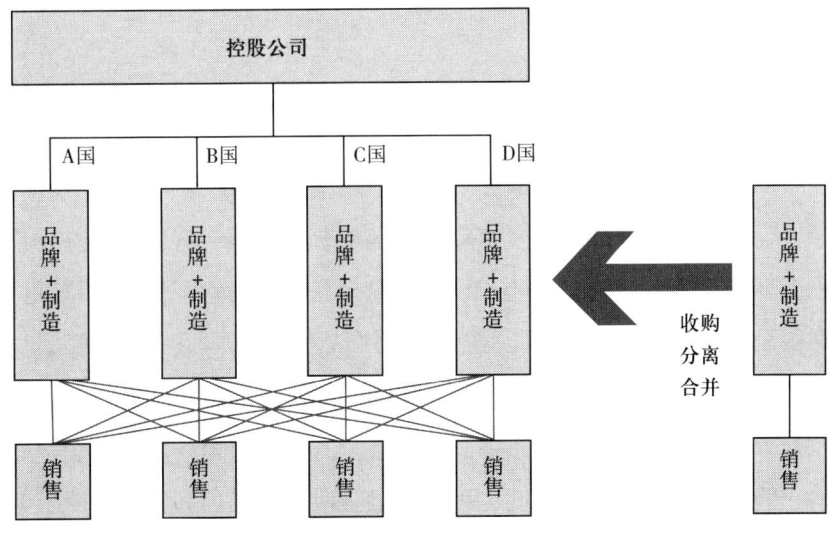

图 4-5　生产与销售分离的收购整合（概念图）

价值创造过程

在这种模式下,生产部门(品牌)和销售部门在不同的领域可以创造双重价值,可谓一举两得。

被收购公司的生产部门,可以为全世界的销售部门提供新的商品或服务。如果有重复的产品或功能,就让能生产出最高品质或者是能将成本降到最低的企业去生产,被收购的公司生产得好,就全部交给被收购的公司去生产;原公司生产得好,就让原公司去生产。这样可以扩大生产的规模,提高专业性,并且提高效率。如果收购的公司是烟酒等品牌公司,就会增加新的品牌,不会有重复。

而被收购公司的销售部门,会将收购方的产品销路扩大。收购方生产的产品会继续出售,被收购公司的产品也会在全世界范围内出售。之前提到的重工业、重型电机、铁路、烟等产业都是比较成熟的产业,很难启用新的销售渠道来构建销售网络,采用这种模式可以扩大销售渠道。

为何可以保持优势

收购的次数越多,商品、服务的种类就越多,覆盖的区域会增加。如果被收购的企业与原公司商品有重复,就更加能够扩大规模,提高专门性,产品的性能也会变得更强。通过多次收购,既可以提高产品的专门性以及增加产品种类,在扩大公司规模的同时,又能扩展公司产品的销路。

具备这些条件的、适合被收购的对象其实并不多。所以说,先下手为强。从被收购方的角度来看,它们很愿意成为备货齐全且覆盖区域广的企业的一部分;从收购方的角度来看,它们也可以用已被收购公司的高评价来吸引其他公司。所以说,越早开始收购越占优势。

适合使用这种模式的企业

这种模式的特点是，能够创造生产（品牌）与销售双重价值，因此像产品、服务结构比较单一的行业（石油、造纸等），产品、服务有很大重复的行业，地域性很强的商品或服务业，产品易变质、无法国际运输的行业，很难产生双重价值的效果，不适合使用这种模式。重型电机、航空空间等重工业以及烟酒等品牌企业是最适合使用这种模式的。

这种模式能带来的一大好处是：商品、服务的种类和品牌可以增加。所以说，如果收购的都是跟你生产同样商品的企业，这样的收购就没有什么意义了，应该尽量去收购产品与自己有些不同的企业，这样的收购能为自己带来更大的价值。当然，也不能一概而论，即便是同样的产品，收购之后也能扩大规模，产生其他优势。

还有，如果收购完全不同行业的企业，会无法去利用它已有的销售渠道，这样的收购没有意义。所以，这种模式用在同一产业的品牌或者生产线上最有用。

注意

这种模式并非收购之后就能产生立竿见影的效果。在收购之后，要对各国的生产部门重新调整，对销售部门进行与新收购的产品相关的培训等。特别是，关于新产品的系统集成、EPC、维修保养等服务，国家之间有语言沟通和文化沟通等各种问题，面向客户需要一定程度的本土化等跨国移动难题。

之前也提到，能成为被收购对象的公司并不多，有些大型企业集团会互相争夺这些公司，有些公司甚至会直接跳过这一层去私募股权，所以收购价可能会被抬得很高。所以建议大家，尽早列出可能成为你收购对象的公司清单，尽早与它们进行关于收购的交涉。

补充

在合并模式下,创造的价值在于每一个企业价值的合并。通过这种模式,可以看到两种不同的价值创造过程。

小结

模式概要

- 在收购海外企业时,品牌+生产功能与销售功能分离。
- 公司的品牌+销售功能可以在迄今为止没有开发过市场的国家得以实现。
- 公司可以在出售自己品牌产品的同时,出售被收购公司品牌的产品,提高自己的整体价值。

效果

- 公司的品牌与销售额会因销售渠道扩大而得到提升。
- 公司销售的商品品种增多,营业额大幅提升。
- 收购的时候,可以根据被收购对象的收益性计算价格,一般来说这样计算出来的价格较为客观。

其他注意点

- 日用品、酒、化妆品等品牌商品最适合使用这种模式。

学习要点

- 生产与销售价值创造的机制分开。
- 可以实现在合作模式下无法实现的价值。
- 是全球化进程中的一种典型模式。

构建商业模式的重点：合并

合并模式比合作模式更被需要的两大理由

所谓合并，是指在同一所有者旗下的多个业务之间的机制。

合并，也是在多个业务之间的模式，采用这个模式，比一个业务部门单独作战要有优势得多，从这个角度来看，合并模式与合作模式拥有同样的基础。合作模式是通过多个业务联合来创造价值，合并模式也是如此。在这一点上，两者也是相同的。

不过，如果能合作还是建议大家采取合作模式。因为合作的各个企业之间没有资本上的关系，一旦这个合作机制运行得不好，可以随时解除合作关系，重新找别的公司合作等，相对来说风险也小。那么，为什么还要有合并模式呢？理由主要有两点。

第一，合并之后，你成了这些业务的所有者，对于整个业务机制的控制力要远远高于合作模式。也就是说，你可以强行地去进行一些交易，或者反对一些交易，将某一项业务和某一项功能强行地融合在一起，将一项功能强制地分开等，这些做法都可以提高收益。这一点是合作模式完全无法做到的。

第二，在合并模式下，财务、经营者资源等都可以统一运用。在整个合并空间内，虽然单个业务之间的商务流程并不是共有的，但财务是一体化的，所以，你可以在这些企业之间构建一个财务机制，使投资家能够获得更大的回报。与财务相同，经营资源也是如此，经营者是最大的经营资源，在合并模式下，经营者可以在企业间自由流动，从而创造出合作模式无法比拟的优势。合并模式的本源是，将一项业务有意地降价，吸引顾客，引导顾客进行其他消费从而提高收益。与合作不同，合并并不需要参与其中的每一个公司、每一项业务的收益都提高，只要整体算起来收益上升就可以了。

由于现在很多企业都采取控股公司的形式，合并模式比以前更加重要。企业员工是业务和股东之间的桥梁，企业的工作人员要想说服股东为某项业务出资，就必须明确地向其说明这项业务存在的意义。因为股东也可以选择将这项业务给集团外的公司去做，并且股东可以同时拥有多家公司的股份来分散风险，所以一定要向股东说明在合作集团内部做的好处以及能体现在财务上的明确效果。现在经常有人会问，综合商社与综合电机集团的综合性在哪儿？控股公司为什么要有很多分公司？答案就在于合并这种商业模式的机制。

以下将从在合并这种商业模式下具体应该采取怎样的措施才能够提升业务价值这一观点来分类，列举几条具体措施。另外，在《商业模式·入门篇》中也有详细介绍，可以参照来看。

商业模式示例（以提高价值主张为目的的机制）

与相关产业一体化

与相关产业一体化，去出售一个具体的解决方案或是系统，这样可以提高顾客的接受程度，提高利益。例如，骊住公司就与窗框、洗手间、洗脸台用陶器，水槽等建筑材料商合作，将这一系列的家具一起展示在陈列厅，旨在将有装修需要和翻新需要的顾客也收入囊中。另外，与次要的供应链进行一体化，可以降低成本。

这种模式也被称为高配版的企业集团模式，它优于企业集团模式之处在于：同一个所有者管理多项业务，可以拥有一个跨越多家公司的销售团队，在产品设计上，也能较方便地在业务之间做出调整。并且运输部门可以与各项业务分离而单独一体化，组织结构的重组成为可能。

商业模式示例（获取客户、留住客户的机制）

1. 从其他业务渠道获取客户

这种模式是指将能吸引到顾客且能留住顾客的业务中的顾客引向其他业务，从而提高每个客户在集团内的总消费额。在合并的情况下采取这种方法，可以将某一项业务的价格降到最低，这样可以最大限度地吸引顾客。而合作模式则很难做到这一点，所以说，合并模式采取这种方法，也就更不容易被模仿。具体请参照"商业模式3 从其他业务渠道获取客户"。

2. 在保持独立性和中立性的基础上强制交易

这种模式是指用合并的方式同时拥有像顾客的购买代理和制造业这样相互矛盾的两种业务，在尊重客户意愿的前提下，使自己的利益最大化。如广告业里的大型广告商，金融集团同时拥有面向客户的企业和资产管理企业就是很好的例子。

商业模式示例（在获取资源、供应链方面的机制）

1. 收购位于供应链下游的企业

收购在供应链中比自己更下游位置的企业，这样就可以成为它们的特定进货商。虽然收购需要花一定的钱，但是，收购之后，它能创造的利益远远大于收购价格。如理光收购了一些需要用到复印机来解决问题的公司，针对它们对复印机的需求，来优化自己的产品设计。

2. 控制位于供应链上游的企业

通过控制在供应链中处于比自己上游的企业，防止竞争对手从上游企业进货。这样，竞争对手无法得到重要的原材料，自己就可以在竞争中处于有利地位。市场份额高的企业，采取这种方式，就更加能稳固自己的地位。例如，吉田拉链公司在生产拉链时，自己制造生产设备；美蓓亚的轴承以及万宝至马达公司的零部件都是由自己公司内部生产的。但是市场份额不高的公司最好不要采取这种做法。像夏普公司没有保住电视机和液晶电视业务供应链上游企业中的优势地位，也没有下游企业愿意购买自己的产品。

商业模式示例（以产生良性循环为目的的机制）

1. 兼并同行

收购同行的公司不仅可以提高市场份额、扩大业务规模、提高市场支配能力，而且还可以降低成本。因为业务盈利能力与市场份额、业务规模、公司在市场上的排位都呈正相关，所以通过合并扩大了业务规模，其收益一定能够大于两家公司单独经营加起来的盈利。企业实施合并，大多数都是以这个为目的。

2. 生产与销售分离的收购整合

具体内容请参照本章。

商业模式示例（金融管理机制）

1. 跨多项业务定价

由于财务模型的设定比较自由，如果一个价格里面可以包含多项服务，这多项业务就会同时具备优势。这种模式有**定额制**、批量折扣等。

需要调整一下集团内部财务收入的分配方法。

2. 业务资产组合中的资源再分配

不对处于生命周期后端的业务进行过大的投资，而将资金主要用于对生命周期前端的投资，使生命周期前端的业务在市场上处于领先地位，这样即使前端业务入不敷出，到了其发展后期，后端市场的盈利也能扭转这个亏损。这样既可以减轻纳税负担，也能促进企业合并之后整体的发展。三星电子就是将投资对象从半导体发展到电视，再发展到智能手机，从而促进了企业的整体发展。

3. 破坏竞争对手的收入来源

利用对手的业务构造和收益结构与自己之间的差异，有意地去破坏对手的主要收入来源，减少它的盈利，通过使对手变弱，吸引顾客流入自己的公司。

4. 杠杆收购

杠杆收购（Leveraged Buyouts）是指收购者以自己很少的本钱为基础，然后从投资银行或其他金融机构筹集、借贷大量、足够的资金进行收购活动，收购后公司的收入（包括拍卖资产的营业利益）刚好支付因收购而产生的高比例负债，这样能达到以很少的资金赚取高额利润的目的。日本烟草公司收购美国雷诺烟草公司国际部门和加莱赫集团公司，软银收购沃达丰日本都是用的这种方法。

5. 品牌收购、兼并

在一个品牌生命周期结束时对其实行收购，用总公司的经营团队和经营资源使这个品牌再生，并且可以与集团内其他品牌共享供应链、生产商、销售、店铺等，降低了成本。酩悦·轩尼诗-路易·威登集团、开云集团、历峰集团、帝亚吉欧、保乐力加集团等用的都是这个模式。

第五部分

有效商业模式的构建方法

BUILDING BUSINESS MODELS

我们在第一部分至第四部分详细介绍了多种商业模式，在最后一部分，不再介绍具体的商业模式，只讲讲构建有效商业模式的方法以及要注意的点。实践出真知，希望各位在熟知这些方法的同时，将其积极地应用于实践。

知己知彼，百战不殆

研究竞争对手的商业模式

这是一种用于竞争的商业模式。在竞争当中，我们不仅要对自己的商业模式烂熟于心，还要对竞争对手的商业模式有一定了解。

"知己知彼，百战不殆。"孙子这句名言非常适用于如今的商业模式论。在商业模式论中，我们不仅要知道竞争对手的存在，还应该明确地知道是什么样的竞争对手，竞争对手与自己有何不同。

有些商业模式，乍一看觉得都一样，但是仔细分析，你会发现它们之间有很大的不同。例如，同为文具销售网站的爱速客乐和Tanomail，Kaunet，乍一看都觉得是相同的商业模式。但是，仔细分析会知道Kaunet有批发、零售两种销售渠道，爱速客乐只对文具店销售，Tanomail没有外部销售渠道，只以厂家直销的方式进行销售。这种差异，不仅是顾客流入结构的差异，在成本结构上也会产生巨大的差异。虽然Gnavi和Tabelog提供的服务相同，但是其收入模型有很大的不同。具体请参照第三部分第8章的"**财务模型**"。

在考察商业模式时，首先应该分析不同的商业模式会给竞争力带来什么样的影响。比如，爱速客乐和Tanomail，第一，爱速客乐的销售对象主要是办公室，Tanomail的销售对象是企业，两者的销售对象不同。第二，爱速客乐会产生销售渠道的差价，因此成本变动很大，而Tanomail主要是将成本用于电视广告，采用厂家直销的方式，成本相对来说较为固定，从中可以看出两者的财务模型不同。最后一点，爱速客乐是文具专业厂商，而Tanomail是大塚商会集团的一部分，Tanomail的这部分业务是用来吸引顾客的前端业务，所以可以有意地去降低它的收益，吸引客户在后续业务上消费。所以说，Tanomail 的商业模式比爱速客乐更加优越。爱速客乐有专门的系列店作为它的销售渠道，而 Tanomail 隶属于大塚商会集团，利用合并的模式创造了一种独特的业务结构，它带来一种爱速客乐无法模仿的不对称性，因此具有持续的优越性。

所以我们在分析商业模式的时候，不仅要分析采用这样的商业模式可以使我们自己的公司与竞争对手有何不同，可以为我带来什么样的优势，这种优势为什么可以持续下去，是怎样的机制促使我的企业产生了这样的优势，并且让这个优势持续下去。还应该去分析，现在我与竞争对手在市场份额上的差异是如何产生的，这种差异为什么会发生变化，或者为什么不会变化？如果你可以分析出商业模式产生优势以及让这种优势持续下去的机制，那么你就可以让对手产生优势的机制消失，或者说，你可以采取与之相对抗的方案。还有一点需要注意，即便机制看起来是相同的，也可以通过良性循环等方式使市场份额固定化。例如，第 6 章的时候讲过，LINE 和 Kakao Talk 的业务机制基本相同，但网络效应（良性循环）是由已有的用户数量决定的，所以 LINE 能长期在竞争中保持优势。

建议大家采用的分析框架

在分析对手公司和自己公司商业模式的不同的时候，推荐大家使用我在第四部分专栏中介绍的框架（不是对静态要素进行分析，而是对模块进行分析）。我们需要分析如下问题：业务的主干部分是怎样获取和维护顾客的机制，行业内的大企业用的都是怎样的商业模式，这些不同的商业模式又会给各公司的竞争力带来怎样的影响。

当然，有些企业用商业模式画布来分析商业模式，这样商业模式基本已经固定了，就可以从生命周期和良性循环的角度入手来给静态的商业模式加一点动态的活力。

现有模式改革的必要性探讨

现有商业模式需要改革吗？

接下来，需要思考公司照现有的模式进行下去是否可行。很多时候，答案是否定的。之所以这么说，我们可以分两种情况来分析：一是自己的公司处于行业顶尖的情况；二是自己公司还是一个菜鸟的情况。

你的公司是行业顶尖的情况

如果你的公司在行业内排第一，贸然改变现在的商业模式可能会招致风险。因为这个模式之所以能让你在这个行业内成为第一，一定是因为它能让你在竞争中产生优势并且能让这个优势持续保持下去。但这是否等于行业第一的企业就不用再去考虑自己的商业模式了呢？不是。我认为对于行业领先的企业来说要做以下三件事。

第一，考虑一下引入能强化现有模式的模块。只要这个模块与你现有的模式不矛盾，就可以作为附加部分添加到现有模式中。在行业内排名靠后的企业没有精力在正常的运行机制之外再添加一个模块，要让这个新的机制与原有机制真正相融，需要耗费劳动力和很长的时间。所以，对于行业领先企业来说，只要这个机制与现有模式不冲突，应该尽可能多地引入一些新的机制，来稳固自己的地位。

第二，优化现有的、能为自己带来竞争优势并使优势持续下去的机制。如果是靠良性循环带来的优势，就应该从扩大规模和获取相关知识方面着手。举两个例子，如果你是靠规模大带来良性循环从而保持优势，你要做的就是去将规模进一步扩大；如果你的店铺数量非常多，你就应该考虑采取以店铺数量多为基础的商业模式。

第三，应该考虑如何防止风险。风险有两个来源，一是来源于大环境，二是来源于竞争对手。

如果现有的商业模式无法应对突如其来的大环境变化，就应该准备一些应急的方案。例如，现在有些市场是有关税壁垒的，因此你在考虑规模的时候只需要分国家考虑就可以，但是还应想到如果这些国家之间通过经济合作协议撤销了关税壁垒你应该怎么做，这就是应急措施。这时你可以采取通过合作或者是企业并购的方式来应对这种变化。

来自竞争对手的风险是指原本在市场内排名靠后的企业或者是新入行的企业，采取了新的商业模式，使整个市场重新洗牌。为了防止这种情况的发生，行业龙头企业应该站在竞争对手的立场上，去分析竞争对手可能会采取怎样的商业模式。如果可能可以用自己旗下的其他品牌或者是重新用一个新的品牌来试运行一下对手可能会使用的商业模式。新的模式会为公司带来新的收益，不过也有可能对你现有的模式造成冲击，使现有模式所带来的利益减少，即便如此，还是建议各位要不遗余力地开发新的商业模式。如果让竞争对手抢占先机，先采用了新的商业模式而领先于你，再想超越就难了。

你的公司在行业内处于劣势的情况

如果你的公司在行业内排名较为靠后，要想打破现有的行业排名，只有开发新的商业模式。而且最好是像我们下一节要讲的改变传统的目标市场定义那样，大刀阔斧地去改变现有的商业模式。

所以，无论处于哪一种情况，你要做的都是去探索如何对现有模式进行改革。

重新定义目标市场

通过改变定义去改变行业现有的竞争状态

在考虑构建商业模式时,最重要的一点是目标市场的定义。定义目标市场的方法不同,之后要考虑的东西就会有很大的不同。上一节我们讲到,与现有模式采取同样的目标市场定义,只是通过加入业务模块来优化这个模式,这样,只需要考虑新加入的业务模块就可以了。但是,如果重新定义了目标市场,整个机制就要从零开始考虑。

目标市场定义的改变,能够改变行业现有的竞争状态。我们必须认识到,目标市场定义的改变,能够为现有的竞争带来新的活力。

部分定义的变化规律

你在对顾客甚至是价值这样的部分进行重新定义时,实现这部分价值的供应链就会发生变化。如果能够像**蓝海**[①](具体参照第二部分第1章后文示例)这样开拓没有对手的新市场,则可以从现有的竞争中跳脱出来,这是改变目标市场定义的一种最理想的形式。但是在现实生活中,很难想到一个完全没有企业涉足的未开拓市场。

首先,关于部分定义的变更,最常见的一种模式是,指定某一部分进行定

---

① 指没有企业涉足的未开拓市场,由欧洲工商管理学院(INSEAD)的 W. 钱·金教授和莫博涅教授在《蓝海战略》(2005年)一书中提出。——译者注

义，开创出一种新的模式。也就是说，还是用既有的商业模式投放到市场中，只是附加引入一个模式，使其中的某一部分得到优化，从而在这一部分上可以横扫整个市场。对于"办公室格力高"和雀巢大使来说，这里的"部分"指的就是办公室工作人员，爱速客乐的"部分"指的是中小型办事处，它们都是去构建最适合这一"部分"的供应链。这样做的话，在这个"部分"内部的竞争中，你将会获得很大的优势。

其次，不改变现有模式中的顾客或价值主张的定义，对其中一项要素附加一些服务。像在销售商品之外，附加一些操作、维修保养的服务、贷款出售等服务。例如，栗田工业主要经营水处理设备，现在也开始经营水处理设备的操作和维修保养市场。这样一种重新定义目标市场的方式，就是在传统的市场定义的基础上再补充一些内容，这样不给竞争对手增加压力，但是能提高营业额，而且能增加自己的市场份额。如果你想重新定义与竞争对手之间的竞争关系，建议大家尽量将追加定义锁定在顾客和项目等要素的生命周期的上游的市场。

最后，我们考虑引入与现有商业模式成替代关系的市场定义，像从出售商品向出租商品转变，从出售产品向出售服务转变等。这样一来，新的市场与现有市场是完全不同的市场，你可以从竞争对手那里抢夺市场份额。这样做给对手造成的冲击很大，所以你要提前预想到对手会怎样反击你。另外，还要注意到，因为对手之间会相互争夺市场，所以业务的生命周期的进程会加快。

无论采用哪种方法，对目标市场进行重新定义，一定会给行业内的竞争带来很大的冲击。对于刚入行的企业来说，重新定义目标市场是非常重要的。同时，对于行业内的龙头企业来说，重新定义目标市场可以抢占先机，稳固在行业内的地位。

从成功的关键因素角度来构建模块

要有能看出决定事业成败的模块的眼睛

我们需要思考,在某种目标市场定义的前提下,所有的业务模块中,哪一个模块是决定其成败的。然后应该按照其重要性给这些模块排序,这个顺序就是你去做这些模块的先后顺序。

例如,**专业服务公司**成功的关键在于人才,那么获取人才资源的机制就是最重要的。如果有的业务的成功关键在于信息通信技术、医药等技术或者是专利的获取,那么它最重要的就是要建立收集、获取这些技术的机制。像液化石油气体的出售等很难在产品本身的质量上与其他公司有什么区别的行业,最重要的就是获取和留住客户的机制。零售业最重要的是商品的品种要齐全,所以就要想办法去发现或者开发别的公司没有的产品。以这些重要的模块为中心,去开展事业。

这些左右事业成功的事项,在传统战略论中叫作成功的关键因素(Key Factor for Success,KFS)或者是关键成功因素(Critical Success Factor,CSF)。在传统战略论中,KFS 理论可以说是与市场选择的理论完全不同,它所探讨的是如何在已经选定市场的前提下取胜。它虽是传统战略论的一部分,但却与商业模式有着很深的联系。

之所以会出现成功的关键因素,是因为某些特定的资源具有稀缺性,或者说顾客的购买行为是有规律可循的。成功的关键因素,常常随着政治、经济、社会、技术等环境的变化而变化。大环境一旦发生改变,技术、人才等经营资源的稀缺性以及顾客的购买行为就会发生变化。如果能够先于竞争对手将这个关键因素的变化反映在公司的机制当中,即便你与竞争对手的目标市场完全一样，你也可以在竞争中保持优势。

那么如何才能发现重要的模块呢？可以从以下几点来思考。

- **客户（群）是基于什么来判断是否购买的？在决定是否购买的时候，顾客经历了怎样的思考过程**

顾客考虑最多的因素无疑就是最重要的因素，那么你要做的就是围绕如何获取这个因素来展开。这里的重要因素，既有可能是技术等资源，也有可能是销售渠道等。

- **行业内最稀缺的经营资源是什么**

如果你能得到这个稀缺资源，就能够在竞争中获得优势。在制药业里，这个资源就是有效的化合物；在咨询行业和娱乐行业里，这个资源就是人才；在廉价航空领域，这个资源就是飞行员。在这种有稀缺资源的行业，你要做的就是构建一个获取这种稀缺资源的机制。

- **这个行业内最大的成本因素是什么**

我们要思考产品、服务的成本里花费最多的是什么？成本一定不仅仅是由制成产品的原材料构成的，还有销售费用和管理费用等。通信、电力、天然气、铁路等基础设施行业，成本当中占比最大的自然是设备投资；在外包行业中，占比最大的成本就是工作人员的薪水。在这样的行业，我们要思考如何降低这些占比最大的成本，从而形成自己的优势。具体来说，就是要构建能大幅降低投资额的机制，或是能大幅提高设备利用率的机制，或是能将原材料的成本大幅降低的机制等。

- **最能让规模经济发挥作用的商业功能是什么**

这里的最能让规模经济发挥作用的商业功能，说白了，就是要构建一个能够扩大规模的机制，从而在竞争中获得优势。

在考虑各个模块的重要性排序的同时，还应该考虑生命周期。运用生命周期，我们可以更加高效地去吸引顾客、调动资源。考虑生命周期时，成功的关键因素也是非常重要的，我们首先要构建最关键因素的生命周期的利用机制。

非重要因素和生命周期虽然对竞争的成败不起决定性作用，但还是构建一下这些机制比较好，这就是所谓的"最好有"（nice to have）机制。虽然不用优先构建关于这些模块的机制，但是可以在业务进行过程中试着去做一下。构建一个机制，将其投入使用，再从使用的体验中将其打磨一遍，这需要花不少时间。所以做与不做是有很大差别的，也能拉开你与对手之间的差距。

考虑各模块之间的一致性

希望大家在构建商业模式时注意各模块之间的一致性。这跟改造汽车是一样的道理，改造汽车时并非把每个零件换了就完了，还要注意汽车整体各零部件之间的协调和配合，商业模式也是一个整体，要从整体上来看它。我们在第一部分也提到过，虽然各模块具有较高的独立性，但是也是相互影响的。如果只是把每个模块当成一个独立的个体去考虑，找到适合每个模块的机制，再把这些机制简单组合起来，整体是不会有任何提升的。

下面我们来举一些各模块之间适合与不适合的典型例子。例如，在定义目标市场时，有选择解决方案和获取资源的机制**专业服务公司**，但是如果供应链选择了**麦当劳化**模式，你就无法选择**专业服务公司**模式了。因为这两个模式是相互矛盾的。即使各模块之间的关系不像这两者这么明确，但是模块之间总归有微妙的关系存在，专业服务公司模式与麦当劳化模式既可以作为获取资源的模式，也可以作为获取顾客的模式，可以预见，这些模式之间会有一些联动反应。在设计汽车时，整体的组合决定了汽车的最终性能，所以，在考虑商业模式的时候，也应该考虑整体中的各个模块之间是如何相互影响，这个模式作为一个整体是如何运作的。

构建能持续保持优势的机制

如何防御对手的模仿

大家在构建商业模式的时候不仅要考虑关系到事业成败与否的关键因素、生命周期的利用等,还应该考虑到如果竞争对手模仿你的模式,你该如何保持优势地位。竞争对手一定会模仿成功的商业模式。对于对手来说,模仿同一行业的其他模式,比打入新的市场门槛要低得多。因此,我们需要构建让对手即使模仿也无法超越的机制。一般来讲,一般的机制只是为了更好地完成业务,那么机制构建完成了也就结束了。但是我们接下来要讲的这些机制,可以防止对手模仿,比起那些完全没有考虑到这一点的机制,这样的机制要有效得多。以下几种机制都可以让竞争优势持续下去。

- **先下手为强**

要想在与同行的竞争中保持持久的优势,必须要"先下手为强"。要先于对手获得稀缺性的资源、销售渠道、合作对象,这样可以防止对手与你构建完全相同的模式。一般来说,稀缺性资源数量都有限,如果你可以独占这些资源,在竞争中基本稳操胜券。像土地、电磁波频率、码头、车站、飞机场、采矿权等就是稀缺资源的典型。在一定的区域范围内,商店、自动贩卖机、快递点、飞机场、公交站,这些基础设施都只需要一个,这时,只要抢先设置,你的竞争对手就没有模仿的机会了,于是你就可以保持竞争优势。另外,在一定的工作场所设立代理店,或者在一个集团内部设立代理店,那么就能够确保你的产品可以销往这些场所。一个公司在某一项服务上往往只要有一种进货渠道就可以了,所以这样可以保持优势。

- **良性循环**

与先下手为强一样，良性循环也是防止对手模仿的一个很好的手段。良性循环的种类，我们在前面已经讲过（具体请参考"第6章良性循环"）。虽然良性循环是动态的，不像内部模块那么容易控制，但它是产生竞争优势的源泉，所以请大家务必利用好这一点。

- **制约对手现在的商业模式**

你可以采用与对手现有模式相矛盾的模式，去防止对手模仿。例如，对手采用特约店模式，你就采取**直销**模式，由于这两种模式相矛盾，所以对手不可能模仿。再如，**专业服务公司**模式与**麦当劳化**在组织原理上有根本不同，因此，一旦你在业务开始初期选定了其中一种模式，之后是不可能换到另一种模式的。还有，如果你选择了**生产销售一体化**模式，就不能再去选择**经销权**模式。

像这样，你选择与对手现有模式相反的模式，对手就不可能再去模仿你的模式。

- **利用其他对手无法克服的不对称性**

最后一种防止对手模仿的方法就是，立足一些以上没有讲到的具有不对称性的模式。例如，采用**从其他业务渠道获取客户**模式，利用已有不同业务的不同机构及收入来源，故意降低某一项业务的收益，引导客户去消费其他业务等；采用**供应商管理库存**模式，在一个共同协议下，由供应商管理库存，这样用户和供应方双方都能获得最低成本。

特别是在网络服务业，只要无法产生良性循环，马上就会出现很多模仿你的企业。这个时候就需要我们与专家等有限的资源结合、与真实的供应链相对接，要有一个明确的支撑你竞争优势的东西，不然你很快会被取代。所以大家在做一项业务之前，一定要好好思考一下，如果被模仿，你将如何取胜。如果没有明确的理由告诉你，你这种模式即使被模仿也不会被取代的话，恐怕你就要考虑采用别的商业模式了。

采用客户追踪法和原型法

这种商业模式真的有效吗？

与单纯探讨市场定位和业务内部流程构建相比，构建有效的商业模式更加困难，因为模式的设计者在设计之前并不知道这种商业模式是否有效。也就是说，即便你在设计的时候确信它是有效的，但没有真正地去试用是无法验证其是否有效的。因为在设计、实行商业模式的过程中，有太多单靠逻辑无法解决的问题。正是因为有这种不确定性，商业战略才被称为艺术。

这种不确定性的存在有几点原因。第一，在商业模式中，潜在顾客和销售渠道等外部资源自己公司无法控制的因素太多，这些因素不一定能随着模式设计者的意图去工作。而传统战略论是基于大环境的潮流、收益性等去分析的，只要按照一定的逻辑去分析，基本不会出错。第二，如果改革的对象是公司内部的商业进程，职员们可能会反抗，因此要进行相应的管理，不过你只要命令下去，商业进程还是可以完成的。而商业模式与此相反，它主要是与公司外部的人和事打交道，外部的人员可不像里面的员工这么听话，所以也就增加了其不确定性。

行为观察的重要性

因此，在构建商业模式的时候，要去观察外部的人，预测其行动。如何对其行动进行观察，有多种方法。我们可以从营销的方式入手，设定一个概念上的顾客、销售渠道、经营资源，然后去设想他们会如何行动（不是站在模式设

第五部分 | 有效商业模式的构建方法

计者的角度），从顾客、销售渠道、经营资源的角度去观察，这种方法叫作角色设定①。我们还可以采用人种志②的方法，实际地去跟踪调查一个人，观察他会有怎样的购买行为。使用这些方法，可以让你的商业模式更好地发挥效果。

"原型法"——以最小的单位试运行

之前就提到，设计商业模式之所以这么难，除了由于它主要是与公司外部的人相关，难以掌控之外，还由于无法预测这个模式能否按照自己设想的那样去发挥效力。另外，商业模式由许多因素交织在一起，也不乏偶然性因子，它整体的成功概率也就降低了。

因此，我给大家的建议是，先在商业模式成立的最小单位内试运行，实际地尝试一下与顾客等外部的人员之间是如何联系的。这种方法称为"原型法"。在最小单位内运行，不断地使之精炼，精益求精，再将经过打磨后的模式大规模投入使用，这样做可以降低风险，提高成功率。

以上提到的这些实验性的思考方法叫作设计途径，实际上，设计途径越来越重要，这也显示出现有咨询行业关于商业模式咨询服务的不足。传统战略论中，咨询的对象主要是市场定位；功能、业务咨询的对象主要是公司内部商业流程的构建，这些主要是以逻辑途径为主，只要按照一定的逻辑去思考就可以，但是构建商业模式时，在逻辑途径之外，设计途径同样非常重要。麦肯锡和埃森哲等全球性的咨询大佬，曾以自己的逻辑途径为傲。现在他们也都注意到设计途径的重要性，开始着手收购专门做设计的公司。

还有一点是，原型法也包含对财务的观察，在观察财务时要注意哪些，具体请参考"第8章财务模型"。

---

① 一种想要锁定目标进行市场营销的方法。——译者注
② 对人类特定社会的描述性研究项目或研究过程。——译者注

制订新模式的构建计划

随机应变

商业模式的企划制订完成之后,就该投入运作了。"纸上得来终觉浅,绝知此事要躬行。"将脑海中的商业模式应用于实际,是最令人振奋的事情。

如图 5-1 所示,商业模式的构建,与公司的许多功能相关。因此,在将某种商业模式投入运营时,不仅要对公司内部各方面都很了解,在模式正式启动时,一定要向各个部门分别派遣专家,而且一定要有项目经理统一管理有关部门所有员工的工作任务,并设立项目管理办公室。在判断这种模式是否要投入运行之前,最好先用原型法在小范围内试验一下,真正决定大规模推广的时候,再增加员工数量。也就是说,整个项目的实施,至少要经过小规模试验和大规模推广这两个过程。

在项目启动之前,要先建立起一个项目组织,给每个团队一定的目标和期限,每个团队都要确认好自己的作用和责任。

祝各位好运!

| 第五部分 | 有效商业模式的构建方法

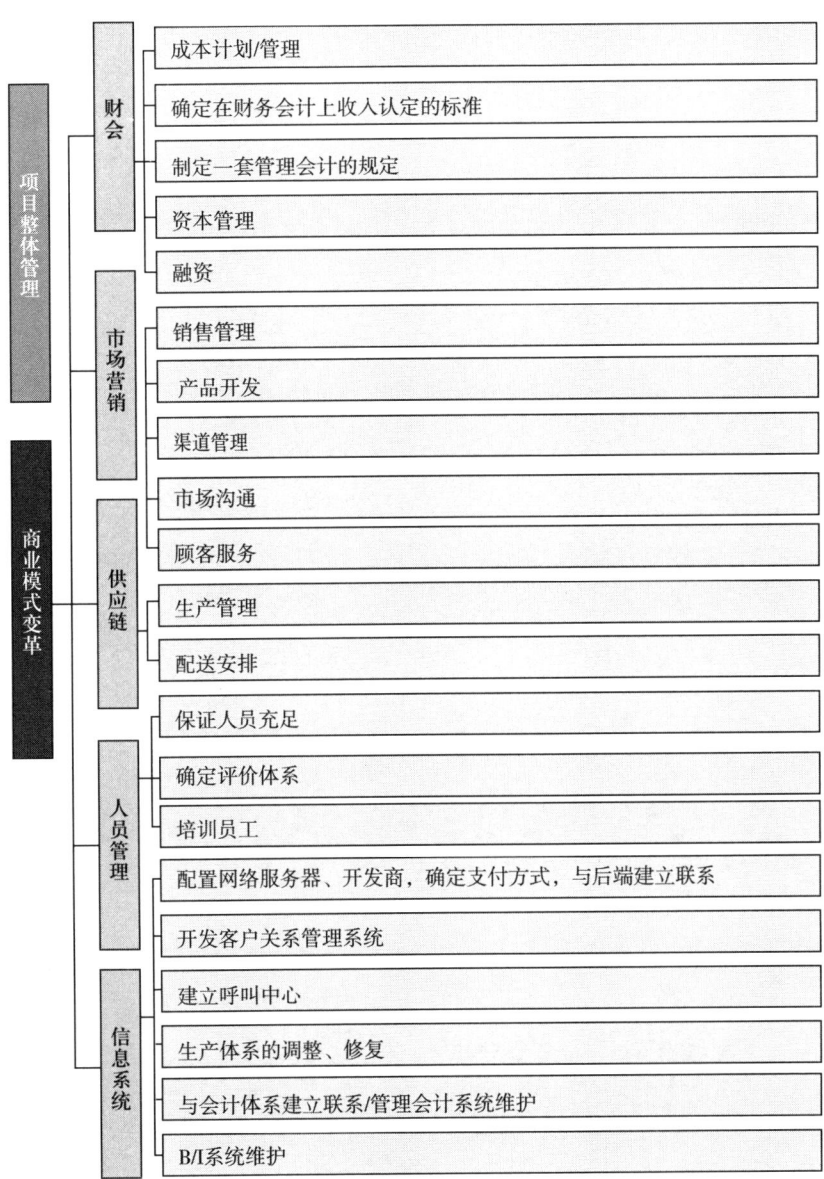

图 5-1 任务细分

后 记

从平时做起——收集、整理商业模式

本书主要介绍了一些构建有效商业模式的方法。在本书的最后，我想讲一点从平时做起的小事，有利于大家提高构建商业模式的能力。

在本书和本书的前传《商业模式·入门篇》中讲到的商业模式，都是我所收集到的典型模式。我的本职工作是咨询顾问，以使我的客户更加强大为目的收集了这些商业模式。我收集这些例子，就像 M-TEC 这种汽车改装公司去收集汽车零件一样。但我与它不同的一点是，我收集这些例子不需要任何成本。希望大家也能像我一样，以这本书为参考的同时，在平时的工作、生活中也注意收集商业模式的例子。

收集商业模式时，希望大家不要只关注自己所在的行业，其他行业的成功的商业模式同样可以用来借鉴。本书开篇介绍商业模式定义时提到过，商业模式与行业无关，因此其他行业的成功模式同样可以借鉴。当然，行业属性不同，有容易借鉴的模式和不容易借鉴的模式之分。因此，我建议大家参考与自己行业相近或者相似行业的商业模式。例如，软银集团将通信行业的商业模式用于能源领域。因为通信和能源（特别是电气）领域的顾客管理、价值创造的方法、规定等都很相似，所以可以借鉴。

还要提醒大家，在收集成功案例的时候，不要单纯地去收集案例，还要分析它为什么可以成功。当然，有些模式不是那么简单就能看清其成功原因的，自己试着去分析其原因，这样对你以后构建商业模式大有裨益。

《商业模式·入门篇》出版之后,我收到了很多相关专家的意见和反馈。我将这些反馈都渗透在了这本书中。希望大家读完这本书,也能多多给我一些建议,静候佳音。

今枝昌宏

imaeda@eminence.co.jp